天生就是 X·人体力态学
丛书编委会

主　编：吴　霖

副主编：杨万勇　郑文杰

成　员：赵建夫　陈伟平　李晓岚

天生就是X·人体力态学

人体力态
康复设备及手法

吴　霖◎著

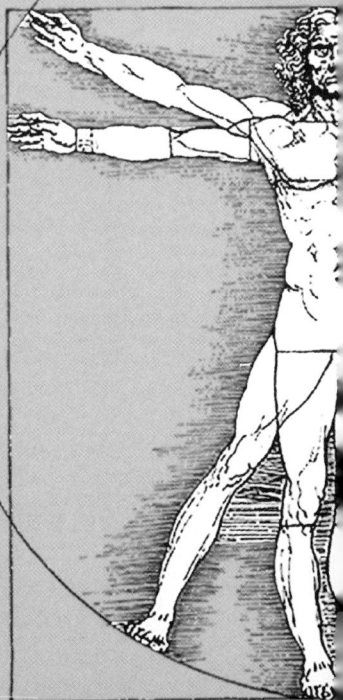

暨南大学出版社
JINAN UNIVERSITY PRESS

中国·广州

图书在版编目（CIP）数据

人体力态康复设备及手法/吴霖著. —广州：暨南大学出版社，2023.1
（天生就是 X. 人体力态学）
ISBN 978 – 7 – 5668 – 3569 – 7

Ⅰ. ①人⋯　Ⅱ. ①吴⋯　Ⅲ. ①人体动力学　Ⅳ. ①G804.63

中国版本图书馆 CIP 数据核字（2022）第 251295 号

人体力态康复设备及手法
RENTI LITAI KANGFU SHEBEI JI SHOUFA
著　者：吴　霖

出 版 人：张晋升
责任编辑：曾鑫华　冯月盈
责任校对：刘舜怡　黄晓佳　陈皓琳
责任印制：周一丹　郑玉婷

出版发行：暨南大学出版社（511443）
电　　话：总编室（8620）37332601
　　　　　营销部（8620）37332680　37332681　37332682　37332683
传　　真：（8620）37332660（办公室）　37332684（营销部）
网　　址：http：//www.jnupress.com
排　　版：广州市天河星辰文化发展部照排中心
印　　刷：广州市友盛彩印有限公司
开　　本：787mm×960mm　1/16
印　　张：11
彩　　插：16
字　　数：190 千
版　　次：2023 年 1 月第 1 版
印　　次：2023 年 1 月第 1 次
定　　价：49.80 元

名家推荐
Recommendation

大千世界，茫茫人海，上至浩瀚无际的宇宙，下到我们周边的环境，乃至于我们的人体，有太多太多的未解之谜了！记得一位科学家说过，人类对整个世界的认识，不过是其 4% ～ 5% 而已。我们当下没有认识的事物和规律，并不等于它们不存在。与外部的世界相比，人类及其认识实在是太渺小和微不足道了。但人类之所以是人类，是因为他们的探索能力，主动探知未知世界的能力。因此，任何对未知领域的探索，无论是理论的、系统的、循规蹈矩的，还是实践的、零乱的、离经叛道的，都是值得肯定的。

吴霖老师的大作《人体力态康复设备及手法》，就是这样一本对人体的未知领域进行探讨的专著。我本人对医学或者说人体力态学可谓一窍不通，但该书中的系统和辩证的思维，聚焦于职业亚健康及其相关问题的共性与本质，注重解决实际问题的研究思路我是十分欣赏的。

吴老师以对立统一的辩证法思想为指导，以人体力态学为研究框架和解释工具，一直致力于将自己的实践经验系统化、结构化、工具化。在对人体力态不断深入研究的同时，还不断将研究成果用于指导实践，为众多患者解除病痛。作为目睹者和亲历者，吴老师的治疗方法也颇有特色，疗效明显。

最后，衷心希望吴老师继续潜心钻研，勇于实践，有更多成果问世，造福于社会！

——胡军，教授，博士生导师，现任中国工业经济研究会副会长，暨南大学"一带一路"与粤港澳大湾区研究院院长，广州南沙自贸区（中国）研究院院长

　　《人体力态康复设备及手法》一书中将力态康复床配合人体整体"活动"了起来，既有动态的整体主动运动，也有多点的限制运动，符合运动学基本原理。基于上述内容的人体"整体"手法及评估也为康复治疗师提供了一种新的思路和方法。

　　——单春雷，主任医师，教授，博士生导师，中国康复医学会副会长，上海中医药大学康复医学院院长

　　人体力态康复理论和方法是一套新颖且神奇的康复理论和方法。这一理论方法充分阐述了体态失衡和运动障碍等问题，身边越来越多患者得益于此套康复治疗方法。期待人体力态康复方法能够在更广泛的亚健康人群中推广和运用，让更多人获益。

　　——刘小艳，副主任医师，医学博士，暨南大学附属第五医院神经内科主任、卒中中心医疗总监

　　吴霖先生的力态手法是运动医学领域的一大创新，他将治疗和人体机能的巧妙结合令人叹为观止！我以前只知道商业上不仅要不停创新，还要颠覆性创新，现在发现发展了几千年的推拿学里居然也能有颠覆性创新！这种颠覆性创新能够让治疗者疼痛更少、效果更大！力态手法不只是一种更好的治疗手法，更是给推拿学带来全新的创新思维！

　　——胡茂伟，深圳市悦动天下科技有限公司创始人、董事长兼 CEO

我过去二十多年一直在寻求各种方法解决我的运动损伤。古今中外的方法试了不少，但都不能从根本上解决运动损伤，有些甚至在短期的缓解后增加了新的问题。

吴霖本人涉及的领域极广，总结了很多的经验，并建立了人体滑轮组的理论系统，通过对代偿模式的观察，找到人体最需要解决的主要矛盾。

我本人是他理论系统的受益者。长期的疼痛在看似不相关的练习中持续好转。这本书是继第一本理论基础之上的实操指南，希望更多的康复师和运动损伤者能从中获益。

——王征，上达资本合伙人

吴霖老师有奇才，这种感觉我跟吴霖老师第一次见面时就有。五六年过去了，从陌生到挚友再到亦师亦友。每次见面喝茶、聊天的时间特别长，当然也感觉特别短。我将在吴霖老师处的所见、所得融入自己的日常生活、工作中，解决了很多的认知问题。我和我周围的人都受益匪浅。

平衡之美，不仅体现在体态、肢体上，平衡的力量也会体现在身体的代谢上。当我们面对一个失衡的病体时，需要去找回平衡，具体的方法和途径是可寻的，比如从习惯入手，与健侧对比，持续改善、以舒服为终极目标……

语言传递的信息是有缺损的，吴霖老师的书需要带着动作来读。吴霖老师第二本书是思想与实践的结合，感觉更具操作性，在追求身心健康美学的时代更有助于我们了解自己，发觉自己，找到更美好的自己。

——赵建夫，主任医师，副教授，博士生导师，博士后合作导师，暨南大学肿瘤诊疗研究中心主任，暨南大学附属第一医院肿瘤放疗科主任

总　序

　　人体是一个由众多子系统组成、具有"X型＋滑轮组＋张拉整体"结构的复杂系统。这个系统中力的运行及其与代谢的耦合状态就是人体力态。

　　组成人体的子系统包括骨架、肌肉、筋膜、皮肤、血管、神经、消化、呼吸、泌尿、生殖、淋巴和免疫等；人体的"X型＋滑轮组＋张拉整体"结构具有内外平衡的力学动态转化和分配功能。对于任何方向（或任何点）的力，无论是输入还是输出（无论是压力，还是拉力），均为"整体应答"。内外平衡的力学动态转化分配功能决定其力学性的"生克机制"和"代偿机制"。

　　系统中的"力"具有能量、信息、关系和时空等多重属性。力的传输是能量的传输，并可以做功；力的感应和传导是信息的应答与传导；力的作用是相辅相成和内外平衡的，是局部与整体、微观与宏观相互转化的。"态"具有整体性、动静两重性和虚实两重性，"态"的实性与"姿""形"和"体"相关，如"姿态"（"行、立、坐、卧、蹲、跪、躺、趴"）、"形态"和"体态"；"态"的虚性与"神"和"气"相关，如"神态""气色"，或表达为"精、气、神"。

　　系统的运行需要环境的支持，即"系统"对"环境"的依赖关系。人体需要与外部环境保持"物质""能量"和"信息"的交流，同时为内部的细胞和子系统提供环境支持，子系统之间同样保持"物质""能量"和"信息"的交流。人体的"X型＋滑轮组＋张拉整体"结构对子系统具有系统化整合功能，即人体的整体功能是所有子系统功能协同整合的效果。系统化整合功能决定其功能性的"生克机制"和"代偿机制"。

　　"力态"属于"功能状态"，决定于"组成和结构"，同时调控着组成和结构。在人体复杂系统中，筋膜（结缔组织）担负着生物力学传导功能；起着对各个子系统的结构与功能进行系统化和整体化的作用。例如，筋膜使骨骼形成骨架系统，使肌肉群形成肌肉系统；筋膜将力学传导系统（力学信息），神经系统（神经信息）和血管、淋巴系统（化学信息）整合成为全息性通信系统；筋膜通过与胞外基质的连接，把人体构建成一个从细胞、脏器到整体，多层次的张拉整体结构。这样，宏观的力学作用，通过筋膜到胞外基质，可以调控细胞的微观力学环境，从而影响细胞代谢，产生物理因子与化学因子的耦合作用。

较之于爬行动物的"框架型动态平衡力学结构"，人体的"X 型 + 滑轮组 + 张拉整体"结构具有更复杂多样的运动形式。人由于直立行走，视野开阔，双手敏捷，精细控制力强，更有利于信息资源的获取和工具的开发使用，但以相对降低运动效能为代价；由于直立行走，需要在确保大脑和脏器安全的前提下有效对抗重力和合理利用重力。因此人体的"X 型 + 滑轮组 + 张拉整体"结构衍生出了基于重力作用的自我保护机制和节能机制。

由于职业、工作方式和生活习惯的不同，"X 型 + 滑轮组"运动模式中力的传导机制也因人而异，即每一个人的"力态"将不尽相同。长时间不均衡的运动或用力方式将导致力态的失衡。而局部失衡通过代偿机制和时间变量的作用将发生迁移与传导，最终波及"整体"。

"局部与整体""系统与环境""生克机制""代偿机制"均是矛盾对立统一的关系。因此人体力态是一种矛盾对立统一的状态。

以"X 型 + 滑轮组 + 张拉整体"结构为特征的人体力态学理论模型，是吴霖先生对人体的组成、结构与功能进行微积分思维所得的结果。现代人体解剖学、细胞生物学和分子生物学等，在微分思维方向上已有深厚的积累；肌筋膜学领域的最新研究成果，使得以《解剖列车——徒手与动作治疗的肌筋膜经线》为代表的人体结构理论正在沿着积分思维方向前进；"递弱代偿"理论（见王东岳《物演通论》）在生命的哲学观上的启迪……这些都为吴霖先生的人体力态学理论的萌芽提供沃土；人体力态学理论模型，也是吴霖先生在康复治疗研究中一系列创新实践的集成和升华，十几年康复治疗实践所积累的大量案例，为人体力态

学理论模型的形成、检验、修正和完善提供有力的支持。人体力态学理论模型的合理性、意义和价值，直接从其解决实际问题的有效性中得到检验确证。

本丛书言简意赅，作者尽量使用图表并结合实例，使读者容易理解人体力态学的意义和实用价值。本丛书首批奉献给读者的有以下3册：

（1）《人体力态的维限与传导》，着重介绍人体的"X型＋滑轮组＋张拉整体"结构和运动模式，阐明人体力态及其传导机制。本书基于进化的视角研究人体步态和力态的形成与演变规律，从爬行动物到哺乳动物再到人，找到其中的联系和变化，关注从爬行动物的框架型动态平衡力学结构演化成人体的"X型＋滑轮组＋张拉整体"结构和运动模式所引起的一系列力态变化。本书是人体力态诊断、评估和针对性干预、调理和康复应用的基础。

（2）《人体力态康复设备及手法》，重点介绍力态康复设备的基本原理、应用范围和操作使用方法等。设备研发就是把力态康复操作手法植入设备中，形成专属配套设备，从而使力态康复操作实现标准化、器械化和集约化，并逐步智能化。这是人体力态学理论的另一种成果表达。

（3）《人体运动功能障碍及其干预》，着重介绍脑损伤后遗症运动功能障碍的力态特征、力态评估分析和力态调理方法。书中介绍如何通过控制特定肌群和关节的运动参与，合理抑制代偿，确保作用力能够按照精心设计的路径进行传导，精准激活目标肌群。当目标肌群释放其弹性势能时，则能有效消除其肌张力；当目标肌群得到适当的舒张—收缩刺激时，则可逐渐恢复其正常功能。力态调理方法的独特优势，就是不在身体的"问题所在处"直接下手，而是通过其远端肢体的受控运动，即"远距离、多方位"的手法操作来解决问题。

吴霖先生对于自己的研究成果并没有作为"独门秘籍"私传，而是公开奉献给社会。人体力态学的一系列应用研究，是社会化合作开展的，有关成果将以丛书、论文或专利等形式陆续公之于众。

本人充满敬意和喜悦之情与大家分享自己的认识及体会。本人认为推动人体力态学理论的应用发展是一项利益大众的事业，应该成为大家共同的事业！

　　对于人体健康问题，人体力态学理论提出了新的观点和解决思路。针对每个人当前的自身力态特点，如何选择合适的运动锻炼方法和方式，人体力态学理论具有普遍的指导意义。基于人体力态学理论的开放性和兼容性，有望与传统治疗方法或其他各种物理疗法相结合而产生协同效果；基于细胞微环境中物理因子与化学因子的耦合作用，有望在细胞水平或分子水平上，进一步阐明力态康复机理。本人衷心希望相关领域的专家学者能与之携手合作，不断深化研究，共同推广应用。

　　开放的思想，开放的理论体系，每一个有缘的人，都可以共同享有并从中获益。

郑文杰
2021 年 1 月 12 日

前　言

　　《人体力态康复设备及手法》是"天生就是 X·人体力态学"丛书之二，是丛书之一《人体力态的维限与传导》所阐述内容的应用和拓展。

　　在《人体力态的维限与传导》中，我们提出了"X 型＋滑轮组＋张拉整体"人体结构模型并构建了人体力态学理论框架。

　　在本书中，"人体力态康复设备"着重介绍人体力态康复床（简称"力态康复床"或"力态床"）。力态康复床的特点包括：具有主动运动和制造翘曲空间的功能；能够动态连续多点同步限制代偿和利用代偿；将人体代偿的"限制"和"利用"融为一体，实现力的流动。借助力态康复床，部分康复手法实现了集约化和标准化。"人体力态康复手法"则是以力态康复床为工作平台开展的一整套"人体力态康复技术方法"（简称"力态手法"），包括力态评估、力态干预和力态训练等。这是专门针对亚健康及其相关问题的共性和本质而设计的。因职业劳动姿势（或用力方式）的长期积累所导致及与疾病（如脑卒中、帕金森、强直性脊柱炎等）相关的力态失衡、体态失衡、运动障碍和疼痛等均适用。评估、干预和训练交叉融合，患者即为力态受训者。

　　经过力态手法训练的康复师，能够把握最佳的作用力点和作用力臂，在受训者的主动配合下，与力态康复床及受训者耦合形成一个动态多维的有机整体。力态康复师身手配合协调、重心变换流畅、呼吸吐纳绵长、力量收放自如，使受训者的身体有"力"（或"气"）的穿透感，柔韧深沉而波及远处，身体舒畅且内心平和愉悦。

本书内容有助于运动爱好者理解科学运动的内涵，理解和把握人体的各种动态耦合关系。例如，人体的精细结构与动态整体的关系，个人的运动（用力）习惯与人体力态失衡的关系等；有助于力态受训者提升个人体质、本体感觉和运动素养。

本书适合作为职业培训教材、高校康复专业教材或教学参考书，也可作为广大运动爱好者的科普读物。

吴　霖

2022 年 10 月

目　录

1 尊重身体的智慧

1.1 习惯的双面性

1. 习惯从何而来

除了先天基因因素，我们的习惯从小就开始养成了。以婴儿的日常小事为例子，当妈妈给婴儿喂奶的时候，总是会有一侧喂的时间较长，因为有一侧奶水会更多。如果人奶不够或者没有的话，喂牛奶也会偏向一侧，因为妈妈有自己的习惯，所以婴儿会熟练地转向一侧吸牛奶，这个习惯让婴儿有安全感，能够让婴儿放松。当给婴儿喂完奶之后，为了避免吐奶，要拍奶嗝，家长也是会根据自己的习惯来抱着婴儿拍嗝。家长身体具有怎样的习惯偏移，婴儿也会有。婴儿如果被拍得舒服，就会习惯这个拍嗝的姿势，进而获得安全感。日常抱婴儿的家长都会有各自的姿势或动作习惯，婴儿喜欢哪种，家长自然也会适应这种姿势或动作习惯，只要是符合这个习惯的姿势，婴儿就会有安全感，感到放松。

2. 安慰作用

我们从小就会爱上习惯，因为习惯行为有确定性，不习惯的行为没有确定性。人这一辈子都在寻找确定性，这是最好的天然安慰剂，它会让我们放松下来。抽烟饮酒的行为，如同婴儿奶嘴，堵上嘴了，啥都好了。这就是明知道烟酒对人体有害，还有那么多人抽烟饮酒的原因，因为压力来时，烟和酒就成了"成人奶嘴"。可以说，生活中所有的习惯行为都有双面性，一面是情绪上的安慰，另一面则是身体的失衡。

3. 改变习惯

每个人生活中或多或少都会存在一些不良习惯，以致身体出问题，进而影响生活质量，这就需要改掉这些不良习惯。并不是所有不良习惯都会引起身体问题，这个因人而异，因为每个人身体的代偿能力是有区别的。就像有的人经常饮酒却身体无碍，有的人一饮酒就出问题一样。

4. 标和本

所谓的改变不良习惯其实就是调整自己的心态，身体习惯的变化首先是人们发自内心想要改变，因为哪怕是改变小部分习惯也需要面对很长一段时间的不确定性，直到新的习惯养成。这段时间就是在磨砺人的心性，看自己能否坚持，治疗身体的疼痛远远比调整一个人的心理状态要容易得多。没有内驱力，完全凭借外力达到目的，无论用哪种方法治疗疼痛都只能维持一段时间，也就是说都是治标不治本。其实，调整生活习惯是最难的也是最有效果的，这才是真正的治本，胜过一切治疗手段。明知道这是真正的治本之道，为什么成功走上这条道的人却那么少呢？因为习惯除了害处，还有很多令人无法摆脱的"好处"，习惯具有两面性！

1.2　强大的报警器

1. 内外失衡

人从出生这一刻开始，终其一生都在努力平衡自己和外在环境之间的关系，这个过程中失衡是常态，平衡只是偶尔。人过于关注自身内在精神世界，将会失去很多融入外在环境的机会，甚至失去一个成功的机遇，也达不到社会性成功的标准；过于关注外在环境则容易与内在精神世界失联而迷失自我，所有好恶的标准都来自其他人，做的大部分事情都是在讨好这个世界。

2. 社交压力

现代人的社交压力是极大的，其影响之大决定了我们的工作和生活都离不开沟通交流，缺乏沟通交流的工作容易出问题，生活也会受牵连。但人若每天都在和别人交流，和自己交流时反而多少有些不习惯，这种平衡关系的打破、与自我内在世界失联带来的后果之一就是本体感觉的缺失。比如，笔者曾经在一个饭局

上听一个商人这样向大家介绍自己："你们看我前段时间刚做完手术，现在还可以喝这么多酒。"接着他马上拿起一壶酒喝光。他在证明自身社交性成功的同时，付出的代价就是麻痹自己，屏蔽了本体感觉。

3. 本体感觉

西医讲的本体感觉能力和东方人说的自我觉知能力其实是同一件事的不同说法，在生活中的具体表现是，当我们久坐之后，不用别人提醒自己也想起来走一走，因为坐的时间长了自身也会觉得难受，这时本体感觉也会告诉自己需要改变姿势或动作以缓解身体不适。当我们跑步时，若感觉到自己的膝关节有压力，本体感觉也会提醒自己，如果忽视这个提醒，一味地追求和别人一样的速度或者超越别人，长期下来膝关节就会出现问题。当深夜还在电脑面前工作时，开始感到腰酸背痛，你是选择遵从自己的本体感觉去睡觉，还是忽视本体感觉继续加班呢？人体的技能都是熟能生巧的，越是遵从本体感觉，它作为报警器的功能就会越敏锐和强大，越能保护我们的身体健康。忽视本体感觉会导致报警器越来越麻木，在生活中无法起到提醒危险、保护自己身体的作用。

1.3　动与不动之间的博弈

1. 传承的核心

继承优良传统是高尚的美德，古代人有着超然的智慧，他们在知识相对匮乏的年代，通过感知和对感知到的事物的理解，运用阴阳辨证归纳和分析，总结了我们现代人需要通过大量科学验证的知识，因此感知和阴阳辨证是传承的核心。

2. 动的时代和不动的时代

工业时代和信息时代之前的人，每天都有大量的体力劳作，如耕种几小时、走路几小时等，坐着就可以养家活口的人实在太少了。现代都市人每天大部分的时间都是坐着，工作也大多是坐着完成，甚至连着坐几小时，体力活动非常少。

（1）动得太多要用静养。

```
    阳                                              阴
 ◄──────────────────●────●──────────────────►
 日常体力活动太多        相对平衡           静养按摩放松
```

古代的中医非常注重阴阳辨证关系。基于古代人一天大部分时间是动的或者过度运动的，先辈们提出"养生"这个概念，比如用理疗的方法，通过一些手法让患者身体肌肉完全放松下来，缓解长期积累的疲劳，这是一种阴阳平衡的辨证应用，调整方式是和自己平时的生活状态完全相反的。比如，一个将军或者一个武者，每天都在舞刀弄枪，那么他在调整自己的过程中会使用打坐调息这样相对静态的方式，这是一种处在高感知状态中对自身状态的觉知性的调整，是对阴阳辨证的高度整合运用。

（2）不动的病用什么平衡？

```
    阴                                              阳
 ◄──────────────────●────●──────────────────►
 日常静态坐姿太多        相对平衡           动态运动调整
```

现代人的生活状态与古代人是相反的，如今城市里在办公室久坐的上班族几乎都缺乏体力劳动，一天中大多数时间都在坐着。这是人类历史上坐姿维持时间最长的年代，许多人大部分肌肉都退化了。如果用中医的阴阳辨证，我们还能在理疗的时间继续施以大量的按摩从而放松肌肉吗？

1.4　同一事物的不同表象

1. 日常劳损和运动损伤

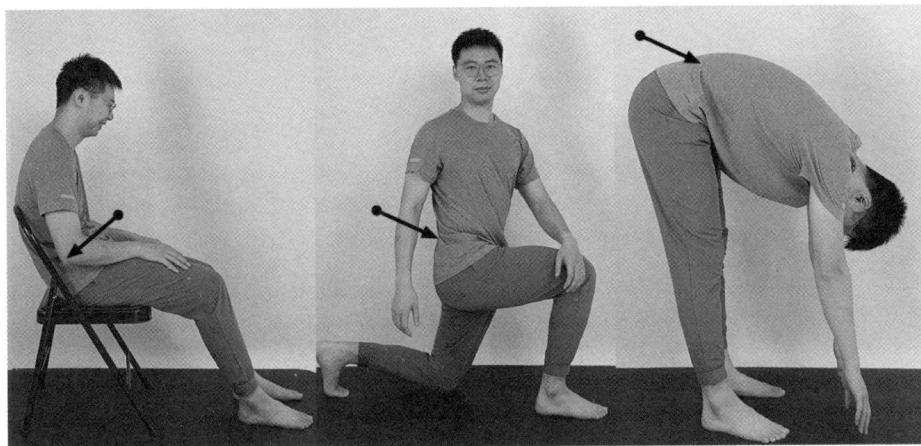

　　久坐者（见左图）常出现腰痛，而运动爱好者（见中间图和右图）做各种不恰当的训练后也会腰痛。我们每个人都有五节腰椎，腰椎周围软组织的结构大同小异，都有髂腰肌—腰方肌—竖脊肌—背阔肌等，久坐者和运动爱好者的腰椎结构整体没有差别，因为人体结构是相对稳定的，变化的只是诱因——一个是久坐不动造成的疼痛，一个是运动不当造成的疼痛。

2. 慢性疼痛和姿势偏移 I

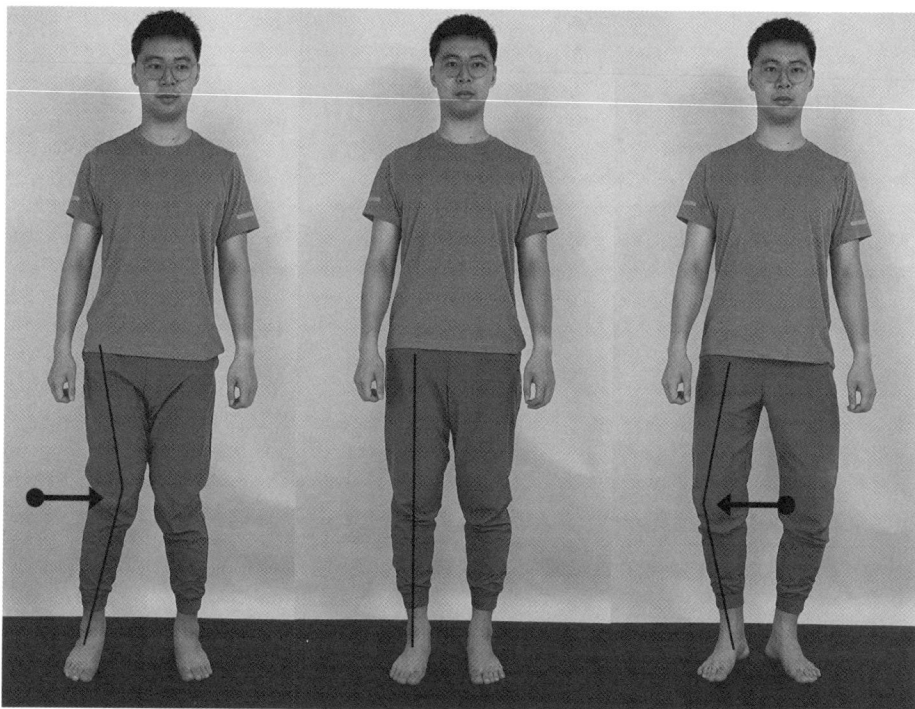

　　中间图踝—膝—髋关节都处在相对的中立位，不易产生慢性疼痛。而以左图 X 型腿为例，踝—膝—髋关节的姿势偏移会导致 X 型腿，膝关节会产生慢性疼痛；以右图 O 型腿为例，踝—膝—髋关节的姿势偏移会导致 O 型腿，膝关节同样会产生慢性疼痛。慢性疼痛和姿势偏移，像是手掌和手背的关系一样，无法脱离彼此。

3. 慢性疼痛和姿势偏移 II

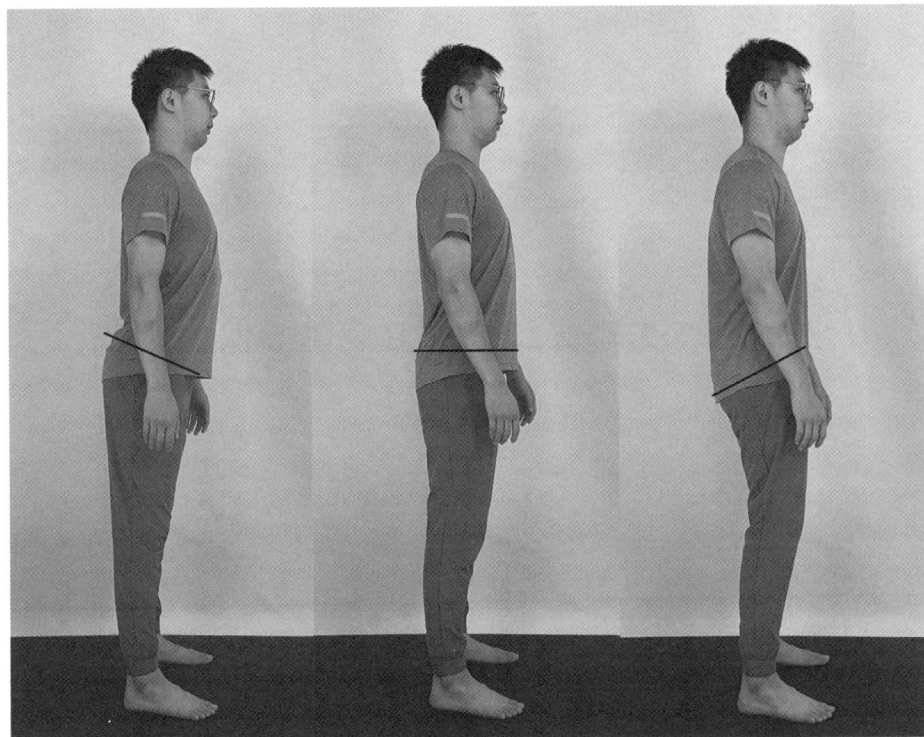

中间图腰椎和骨盆都处在相对的中立位，不易产生慢性疼痛。而以左图骨盆前倾为例，骨盆前倾的姿势偏移会导致腰椎前凸，腰椎会产生慢性疼痛；以右图骨盆后倾为例，骨盆后倾的姿势偏移会导致腰椎后凸，腰椎也会产生慢性疼痛。

4. 人体代偿

到底是姿势偏移导致慢性疼痛，还是慢性疼痛导致姿势偏移？其实都说得通，没有必要过度强调某一种原因，因为疼痛可能是综合因素造成的。慢性疼痛—姿势偏移是人体代偿机制的两种表象。盲人摸象这个比喻很好，一种理论研究姿势偏移，另外一种理论研究慢性疼痛，每种理论都会认为这是"大象"，其实这只是"大象"的一种表现。人体代偿的表现形式太过丰富，我们的认知往往难以完全了解人体代偿。

5. 力态失衡——整体重心偏移

力态学是在前人的基础上，将人体的每一个部分都看成相互关联、相互影响，从而避免局部看待身体的问题。从力态失衡的角度看代偿，这时"大象"就是另一种表现形式。一个部位的张压力失衡会导致一连串的张压力失衡。把每一个部位相互关联，不单独看待某个局部，所有这些联合成一个整体的时候就是整体重心偏移。

1.5　力态失衡——习惯重心偏移

1. 生活习惯

生活中不良的动作习惯是导致力态失衡的原因之一。当我们还是孩童的时候，就会模仿父母的动作习惯，父母好的、不好的动作习惯我们都会学；直到成年后，习惯动作定型，各种代偿充斥在大量生活的习惯动作中。这些习惯动作我们用起来很自然，纠正了反而会不自在，就像抽烟成瘾一样，戒烟会很难受。

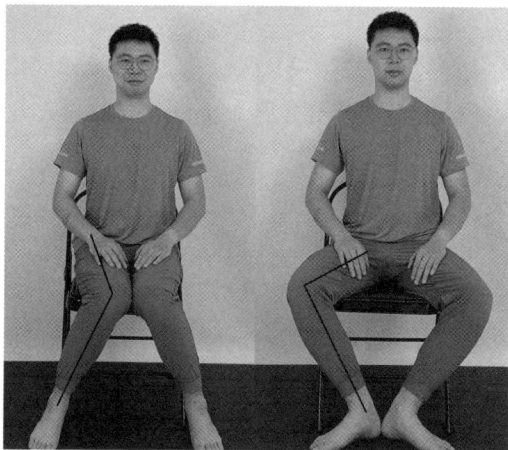

以男女坐姿为例，左图是女性比较常见的坐姿，这个坐姿的髋关节过度内

旋，长期这样坐，回归到站立位时，髋外旋的能力会被削弱，髋内旋能力会被加强，从而产生膝内翻，导致水平面力态失衡，整体重心偏移。右图是男性比较常见的坐姿，这个坐姿的髋关节过度外旋，长期这样坐，回归到站立位时，髋内旋的能力会被削弱，髋外旋能力会被加强，从而产生膝外翻，导致水平面力态失衡，整体重心偏移。

2.　工作习惯

工作中不良的动作习惯是导致力态失衡的原因之二。工作的压力和疲劳会让人出现慵懒的姿势，慵懒姿势虽然会让我们感到一时的放松，但是代价可能是力态失衡。

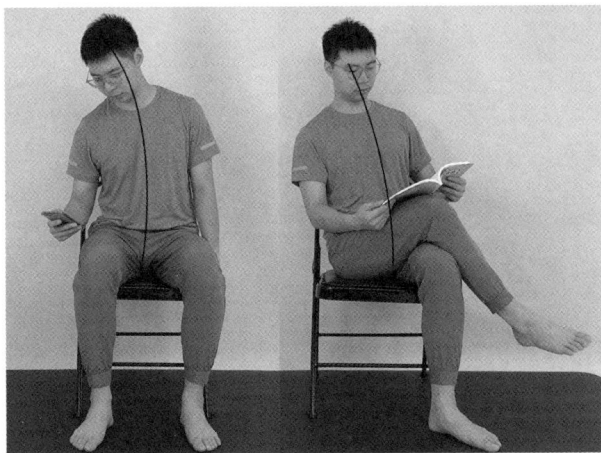

以歪头看手机（左图）和跷二郎腿看书（右图）为例，这样的动作习惯容易发生骨盆侧倾—胸腔侧弯—颈椎侧弯，从而导致冠状面力态失衡，整体重心偏移。

3.　运动习惯

运动中不良的习惯动作是导致力态失衡的原因之三。每个教练都有自身的习惯，学生在跟随教练训练时，会将好的、坏的动作习惯一起学了，又或者将自己在生活中的不良动作习惯带入训练中，这些都会导致疼痛和运动障碍。

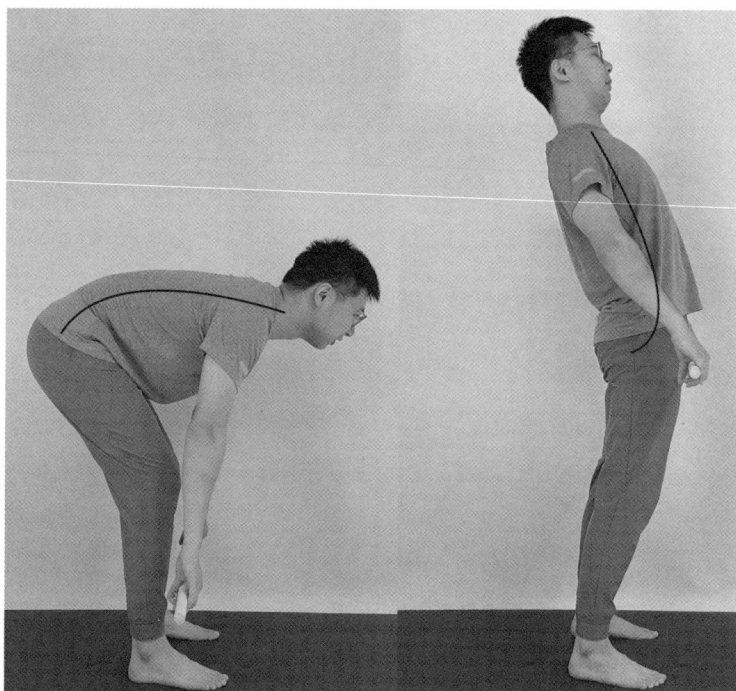

以硬拉为例，左图在硬拉运动开始阶段，髋关节屈曲肌肉群没有很好地工作，下腹部肌肉过度代偿产生腰椎后凸，从而导致矢状面力态失衡，整体重心偏移。右图在硬拉运动结束阶段，髋关节伸展肌肉群没有很好地工作，下背部肌肉过度代偿产生腰椎前凸，从而导致矢状面力态失衡，整体重心偏移。

2　力态特点

2.1　力态手法

1．激活手法

在训练前，先通过一定的手法将关节调整到一个舒适的位置，该关节相关运动的肌肉就会处在一个合适的角度，这样可以减少运动代偿，提高控制训练效果。这同样适用于一个人非常疲劳或紧张时候的放松。

（1）三维螺旋激活手法。

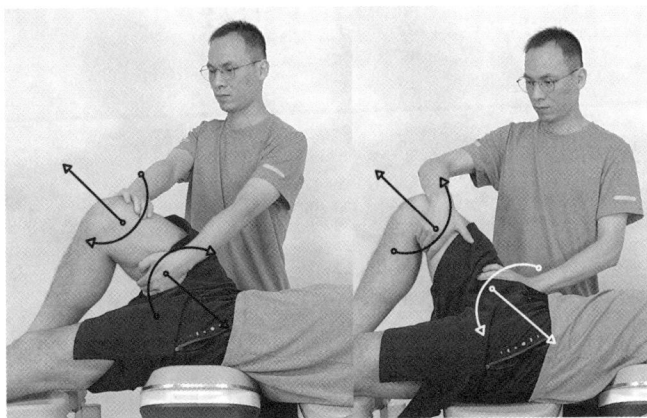

以左图为例介绍髋内旋手法，康复师左手将受训者大腿髋关节近端外旋，右手将受训者髋关节远端（靠近膝关节处）内旋。以右图为例介绍髋外旋手法，康复师左手将受训者大腿髋关节近端内旋，右手将受训者髋关节远端（靠近膝关节处）外旋。康复师两手同时向远处延伸发力，将肢体固定住，通过双手制造二维的拮抗力，康复师的身体重心运动带动受训者的肢体运动，由此完成三维螺旋激活手法。

（2）静态激活手法（简称"静态手法"）。

在三维螺旋激活手法的基础上，康复师通过自己的身体重心移动，将受训者肢体移动并且固定在一个关节最舒适的角度。

（3）动态激活手法（简称"动态手法"）。

在三维螺旋激活手法的基础上，康复师通过自己的身体重心移动，将受训者肢体在一个关节最舒适的角度和中立位间来回运动。

2. 深度放松手法

放松是一个很重要的过程，但很多人往往忽略了放松而只注重训练，殊不知长期训练不放松会造成身体疲劳而无法恢复。和激活手法一样，矢状面—冠状面—水平面的三种运动耦合的放松手法也非常适合疲劳、紧张的人。在训练后，康复师可通过深度放松技术将受训者身体完全放松。

2.2 力态训练

1. 神经控制肌肉训练

人体的神经系统控制着身体在不同生活场景下进行肌肉离心收缩—向心收缩—等长收缩，且绝大部分时间都下意识地在这三种收缩状态中切换或者同时在不同的部位发生收缩。仅靠手法是不能提高身体控制功能和本体感觉的，需要通过训练才可以提高，控制训练最大的好处是可以回归到日常生活中人体运动功能的基本需求。这个过程需要受训者注意力高度集中，并通过训练使自我神经控制肌肉的能力增强，这样在不同生活场景中身体本体感觉的报警器才能更好地启动。

2. 离心控制训练

比如在使用三维螺旋激活手法的基础上做髋外展激活时，受训者需要主动收紧肌肉拮抗髋外展。

3．向心控制训练

比如康复师将受训者下肢移动到髋外展状态时，受训者主动用肌肉力量做髋内收的动作。

4．胸腔控制训练

在力态训练中，肩关节的向心控制训练都融合在胸腔运动训练中，肩关节的运动是通过胸腔运动控制的，以胸腔运动为主。没有单独的肩关节向心控制训练。

5．等长控制训练

比如康复师将受训者下肢维持髋外展姿势，受训者主动用肌肉力量保持拮抗。

6．上下肢配对

（1）同侧模式。

同侧下肢和上肢的运动模式相反，比如右下肢髋外展时，右上肢同时肩内收。

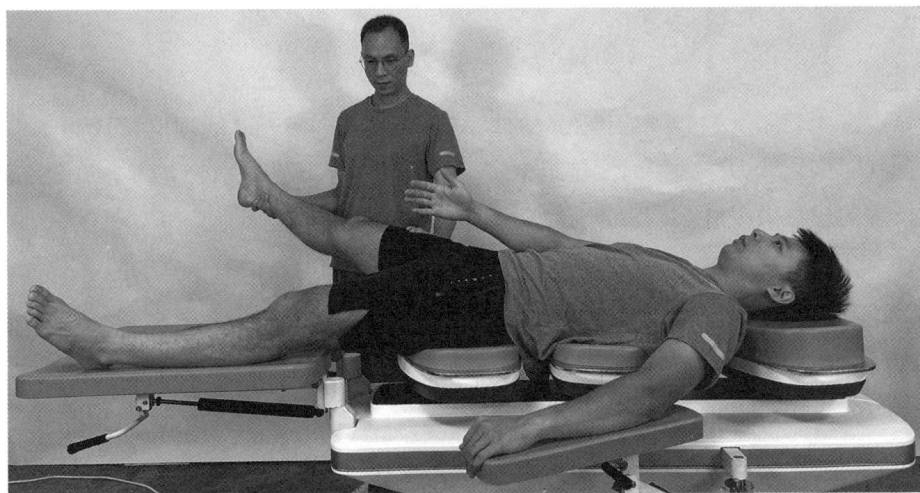

（2）对侧模式。

对侧下肢和上肢的运动模式相同，比如右下肢髋外展时，左上肢同时肩外展。

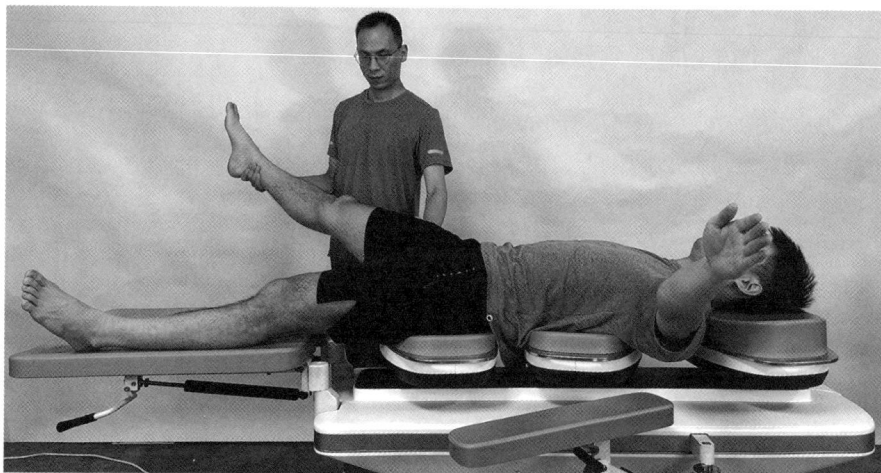

2.3　力态设备

1. 手法训练和器械的耦合

力态康复床是根据《人体力态的维限与传导》① 一书中的理论设计出来的，在矢状面—冠状面—水平面滑轮组中实现各自的运动链，可以将人体关节链在康复训练的过程中串联起来。运用力态康复床进行力态激活手法和力态控制训练时，整个过程可通过减少代偿和利用代偿增强手法和训练的效果。

---

① 吴霖. 人体力态的维限与传导 ［M］. 广州：暨南大学出版社，2021.

2. 矢状面—骨盆前倾和骨盆后倾模式

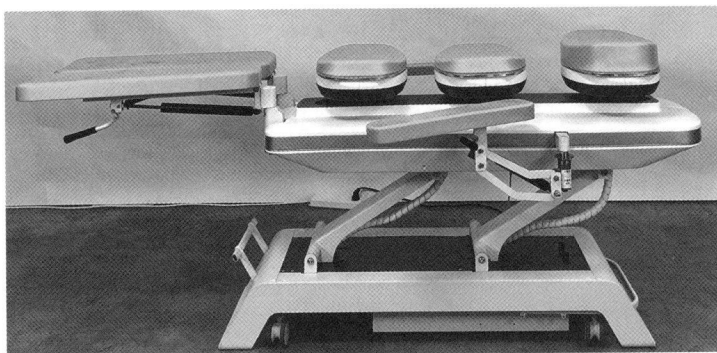

中立模式

力态康复床在矢状面—骨盆前倾和骨盆后倾模式中，三块控制板会联动做出相应的动作，分别耦合不同的激活手法和控制训练。

（1）骨盆前倾—胸腔后弯—颅腔屈曲。

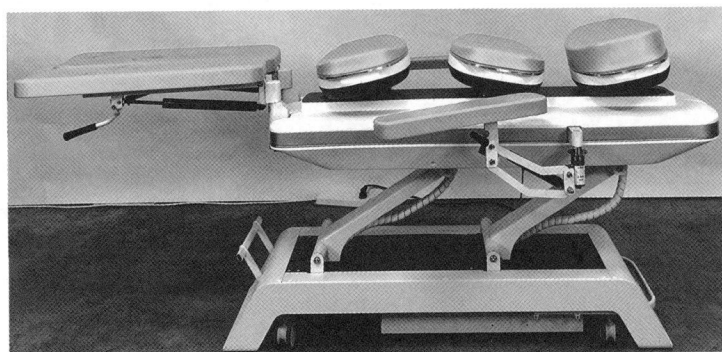

骨盆前倾模式

（2）骨盆后倾—胸腔屈曲—颅腔后弯。

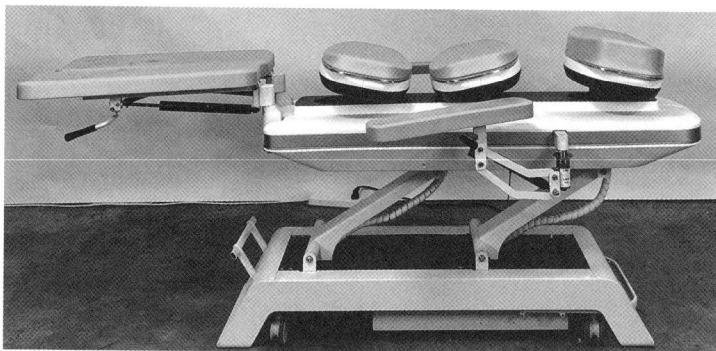

骨盆后倾模式

3. 水平面—骨盆右旋和骨盆左旋模式

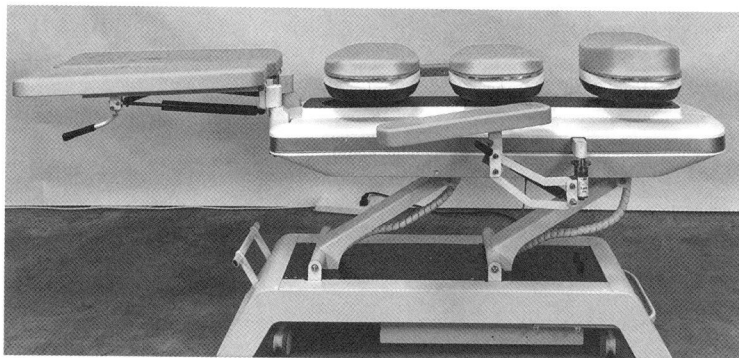

中立模式

力态康复床在水平面—骨盆右旋和骨盆左旋模式中，三块控制板会联动做出相应的动作，分别耦合不同的激活手法和控制训练。

（1）骨盆右旋—胸腔左旋—颅腔右旋。

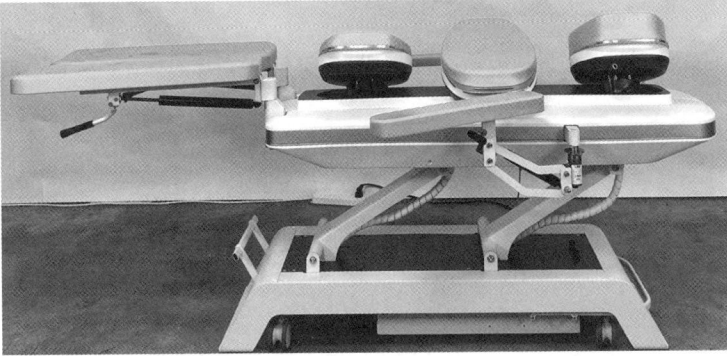

骨盆右旋模式

（2）骨盆左旋—胸腔右旋—颅腔左旋。

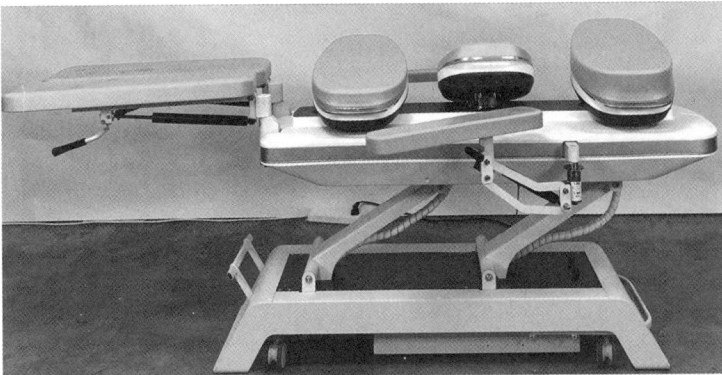

骨盆左旋模式

4. 冠状面—骨盆右倾和骨盆左倾模式

中立模式

力态康复床在冠状面—骨盆右倾和骨盆左倾模式中，三块控制板会联动做出相应的动作，分别耦合不同的激活手法和控制训练。

（1）骨盆右倾—胸腔左倾—颅腔右倾。

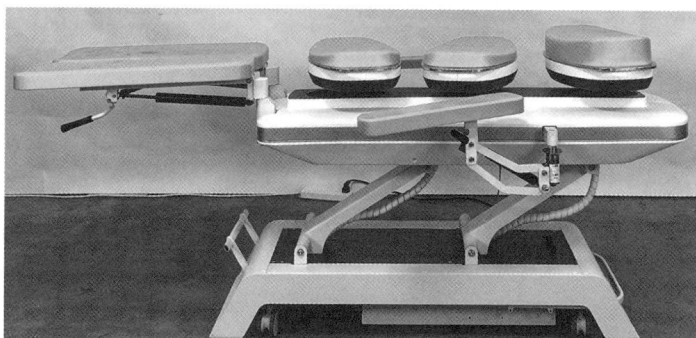

骨盆右倾模式

（2）骨盆左倾—胸腔右倾—颅腔左倾。

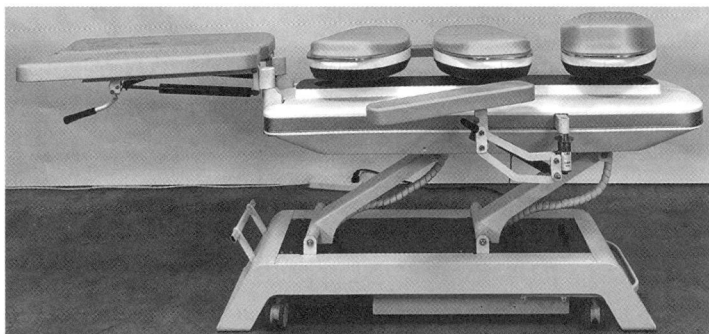

骨盆左倾模式

2.4 力态评估

1. 习惯重心评估

力态评估是一种基于习惯重心的模糊评估，只是对身体整体的重心偏移进行评估，忽略姿势动作和肌肉等细节方面。力态评估可以和姿势评估以及动作评估结合，取长补短。

2. 评估和器械的耦合

通过力态评估，康复师知道了受训者的重心偏移，可以马上对应力态康复床的各个运动模式进行配套的激活手法和控制训练。

2.5 观看方法

1. 人体滑轮组

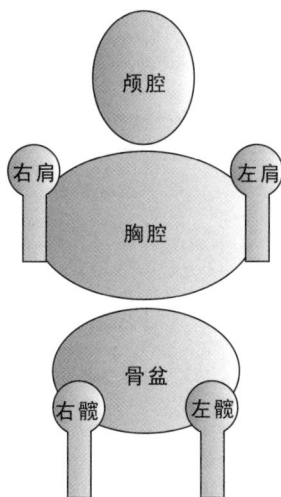

力态学是将人体的肌肉和关节简化为一个整体的人体滑轮组，滑轮组的主要成员有髋关节、骨盆、胸腔、肩关节、颅腔。只有这样，我们才能透过解剖学的肌肉关节等知识，更加方便地去研究生活中一个人的重心是怎样运动的，张压力是如何平衡的，上 X 结构和下 X 结构如何协调的等。后面章节中的力态康复床运动模式以及激活手法和控制训练，都是根据这个人体滑轮组在矢状面—冠状面—水平面的运动而设计的。

2. 以右侧为例子

本书中的绝大部分力态康复床运动模式以及激活手法和控制训练，都是以右侧为例子，小部分是以左侧为例子，对侧操作反过来就可以了，故书中不再赘述。

3 水平面力态手法和训练

3.1 水平面滑轮组关节链

1. 水平面骨盆左旋和骨盆右旋模式

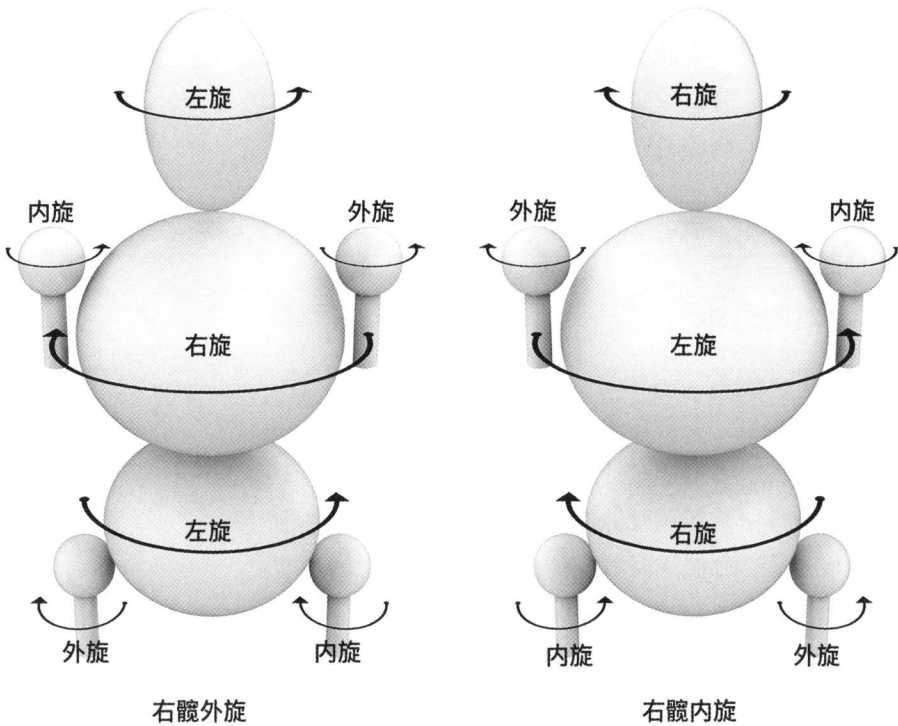

右髋外旋   右髋内旋

左图是以右髋外旋为驱动的力态线的运动模式，当右髋外旋时，滑轮组每一个箭头运动中交汇处压力会增大、分离处张力会增大。

右图是以右髋内旋为驱动的力态线的运动模式，当右髋内旋时，滑轮组每一个箭头运动中交汇处压力会增大、分离处张力会增大。

2．同侧运动

（1）以右髋外旋为例。

右侧髋外旋：右髋在水平面顺时针旋转。

骨盆左旋：骨盆逆时针旋转保持与髋关节相对的平衡。

胸腔右旋：胸腔顺时针旋转保持与骨盆相对的平衡。

颅腔左旋：颅腔逆时针旋转保持与胸腔相对的平衡。

右侧肩内旋：右肩关节逆时针旋转保持与胸腔相对的平衡。

（2）以右髋内旋为例。

右侧髋内旋：右髋在水平面逆时针旋转。

骨盆右旋：骨盆顺时针旋转保持与髋关节相对的平衡。

胸腔左旋：胸腔逆时针旋转保持与骨盆相对的平衡。

颅腔右旋：颅腔顺时针旋转保持与胸腔相对的平衡。

右侧肩外旋：右肩关节顺时针旋转保持与胸腔相对的平衡。

3．对侧运动

（1）以右髋外旋为例。

右侧髋外旋：右髋在水平面顺时针旋转。

骨盆左旋：骨盆逆时针旋转保持与髋关节相对的平衡。

胸腔右旋：胸腔顺时针旋转保持与骨盆相对的平衡。

颅腔左旋：颅腔逆时针旋转保持与胸腔相对的平衡。

左侧肩外旋：左肩关节逆时针旋转保持与胸腔相对的平衡。

（2）以右髋内旋为例。

右侧髋内旋：右髋在水平面逆时针旋转。

骨盆右旋：骨盆顺时针旋转保持与髋关节相对的平衡。

胸腔左旋：胸腔逆时针旋转保持与骨盆相对的平衡。

颅腔右旋：颅腔顺时针旋转保持与胸腔相对的平衡。

左侧肩内旋：左肩关节顺时针旋转保持与胸腔相对的平衡。

4．力态链耦合应用

所有水平面相关的手法和训练都是水平面关节链滑轮组的应用，这些手法和训练有特定的力态康复床耦合模式。在有力态康复床配合时发挥的效果，大于没有力态康复床的效果。

3.2　水平面髋部激活手法

1．右髋内旋＋力态康复床骨盆右旋模式

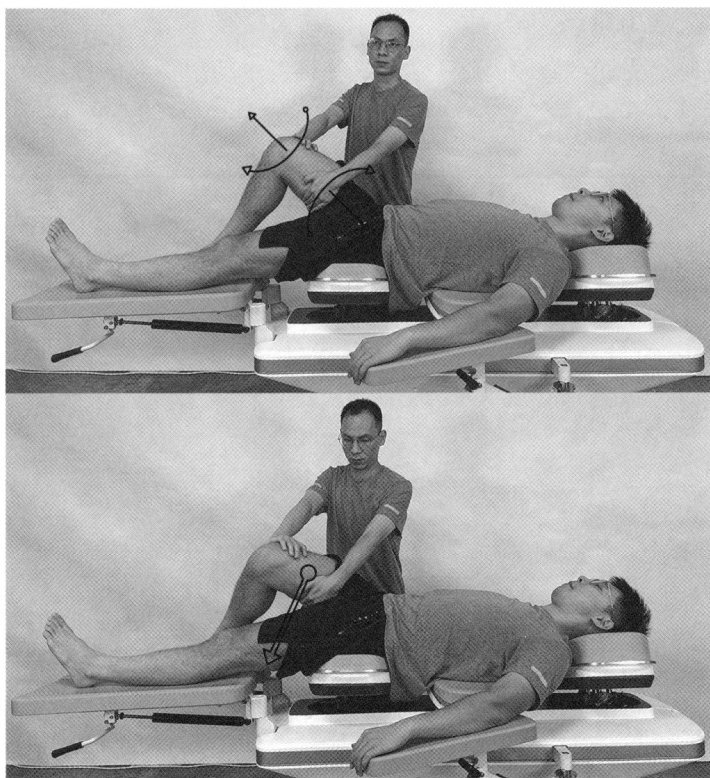

（1）静态手法。

①将力态康复床设置为骨盆右旋—胸腔左旋—颅腔右旋模式。

②康复师站在受训者的右侧。

③康复师左手操作受训者右腿内侧靠近髋关节处做外旋，右手操作受训者右腿外侧靠近膝关节处做内旋。

④康复师两手同时产生螺旋拮抗的力固定受训者的右腿。

⑤康复师依靠自己的重心运动，将受训者的髋关节从中立位调整到髋内旋的位置后停留一会。

（2）动态手法。

①先做到静态手法。

②康复师依靠自己的重心运动，将受训者的髋关节反复地做从中立位到髋内旋的运动。

（3）离心控制训练。

在康复师给受训者做髋内旋手法时，受训者主动用一部分力量收紧肌肉，拮抗这个动作。

2. 右髋外旋＋力态康复床骨盆左旋模式

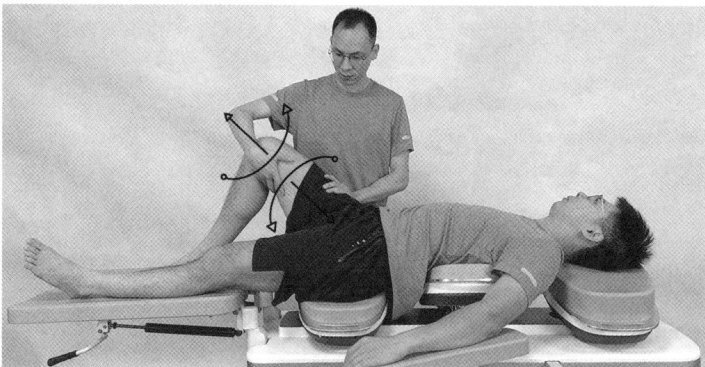

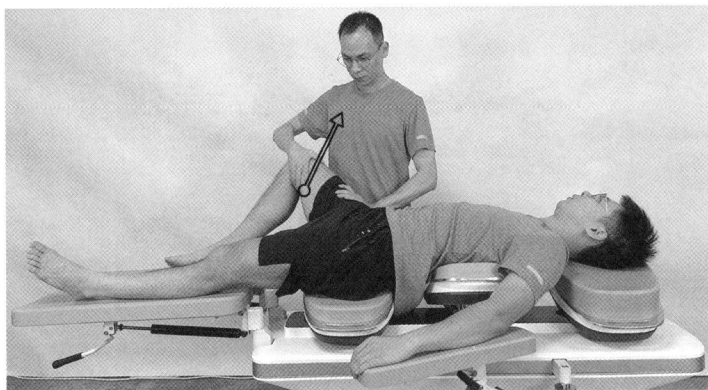

（1）静态手法。

①将力态康复床设置为骨盆左旋—胸腔右旋—颅腔左旋模式。

②康复师站在受训者的右侧。

③康复师左手操作受训者右腿外侧靠近髋关节处做内旋，右手操作受训者右腿内侧靠近膝关节处做外旋。

④康复师两手同时产生螺旋拮抗的力固定受训者的右腿。

⑤康复师依靠自己的重心运动，将受训者的髋关节从中立位调整到髋外旋的位置后停留一会。

（2）动态手法。

①先做到静态手法。

②康复师依靠自己的重心运动，将受训者的髋关节反复地做从中立位到髋外旋的运动。

（3）离心控制训练。

在康复师给受训者做髋外旋手法时，受训者主动用一部分力量收紧肌肉，拮抗这个动作。

3.3 水平面肩部激活手法

1. 右肩胛骨后缩＋力态康复床骨盆右旋模式

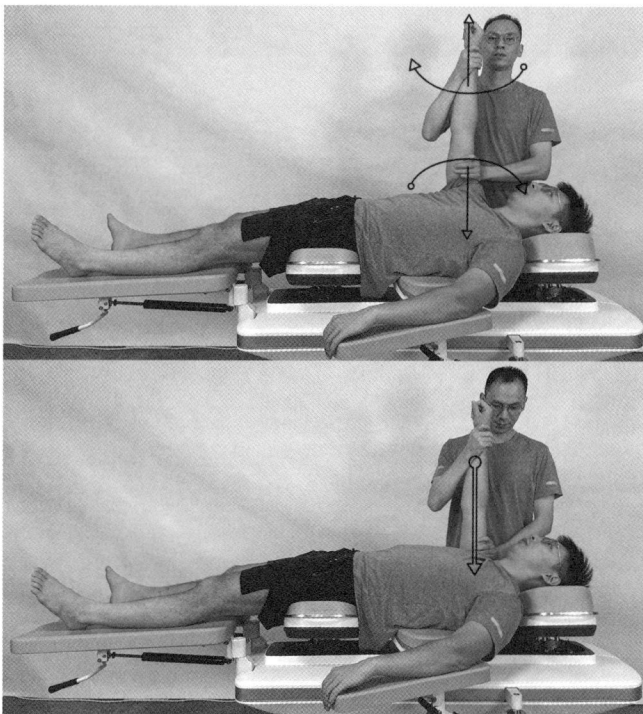

（1）静态手法。

①将力态康复床设置为骨盆右旋—胸腔左旋—颅腔右旋模式。

②康复师站在受训者的右侧。

③康复师左手操作受训者右肩内侧做外旋，右手操作受训者右手腕外侧做内旋。

④康复师两手同时产生螺旋拮抗的力固定受训者的右手臂。

⑤康复师依靠自己的重心运动，将受训者的肩胛骨从肩胛骨前突调整到肩胛骨后缩的位置后停留一会。

（2）动态手法。

①先做到静态手法。

②康复师依靠自己的重心运动，将受训者的肩胛骨反复地做从肩胛骨前突到肩胛骨后缩的运动。

（3）离心控制训练。

在康复师给受训者做肩胛骨后缩手法时，受训者主动用一部分力量收紧肌肉，拮抗这个动作。

2. 右肩胛骨前突＋力态康复床骨盆左旋模式

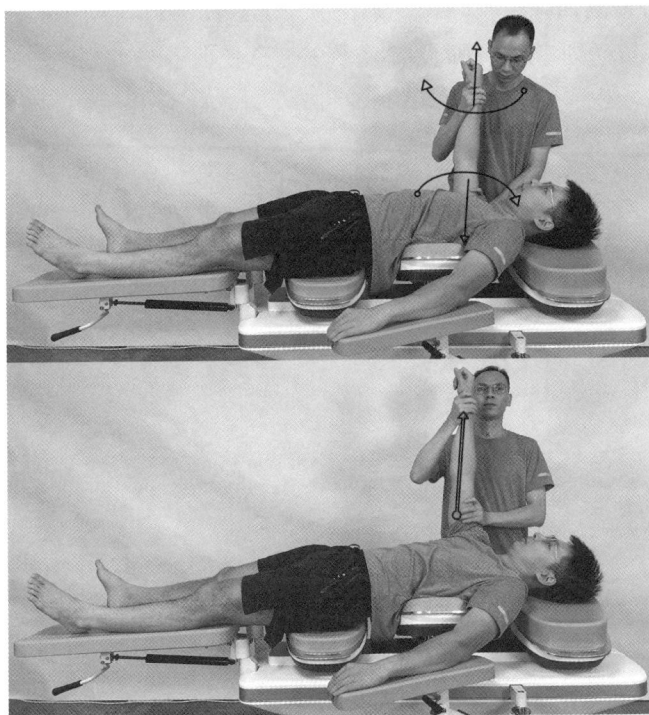

（1）静态手法。

①将力态康复床设置为骨盆左旋—胸腔右旋—颅腔左旋模式。

②康复师站在受训者的右侧。

③康复师左手操作受训者右肩内侧做外旋，右手操作受训者右手腕外侧做内旋。

④康复师两手同时产生螺旋拮抗的力固定受训者的右手臂。

⑤康复师依靠自己的重心运动，将受训者的肩胛骨从肩胛骨后缩调整到肩胛骨前突的位置后停留一会。

（2）动态手法。

①先做到静态手法。

②康复师依靠自己的重心运动，将受训者的肩胛骨反复地做从肩胛骨后缩到肩胛骨前突的运动。

（3）离心控制训练。

在康复师给受训者做肩胛骨前突手法时，受训者主动用一部分力量收紧肌肉，拮抗这个动作。

3. 右肩水平外展外旋 + 力态康复床:骨盆右旋模式

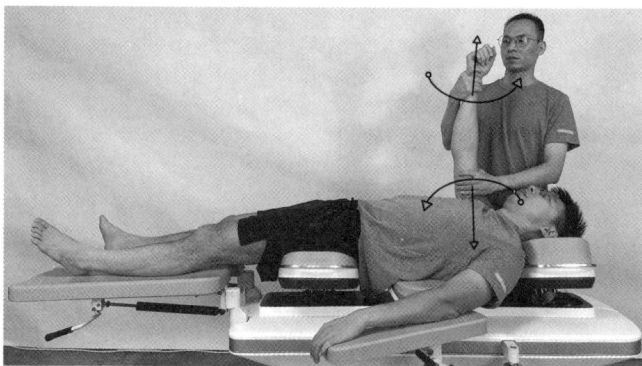

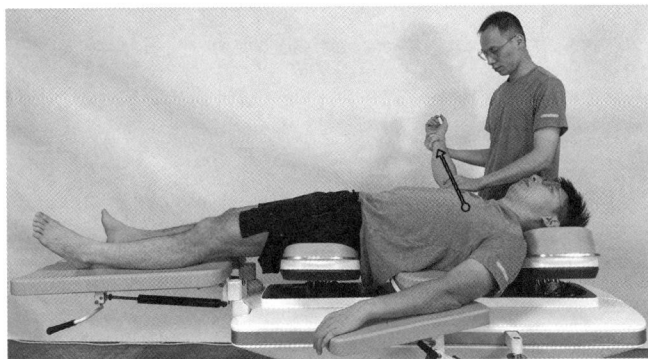

（1）静态手法。

①将力态康复床设置为骨盆右旋—胸腔左旋—颅腔右旋模式。

②康复师站在受训者的右侧。

③康复师左手操作受训者右肩内侧做内旋，右手操作受训者右手腕外侧做外旋。

④康复师两手同时产生螺旋拮抗的力固定受训者的右手臂。

⑤康复师依靠自己的重心运动，将受训者的肩关节从肩水平内收外旋调整到肩水平外展外旋的位置后停留一会。

（2）动态手法。

①先做到静态手法。

②康复师依靠自己的重心运动，将受训者的肩关节反复地做从肩水平内收外旋到肩水平外展外旋的运动。

（3）离心控制训练。

在康复师给受训者做肩水平外展外旋手法时，受训者主动用一部分力量收紧肌肉，拮抗这个动作。

4. 右肩水平外展内旋 + 力态康复床骨盆右旋模式

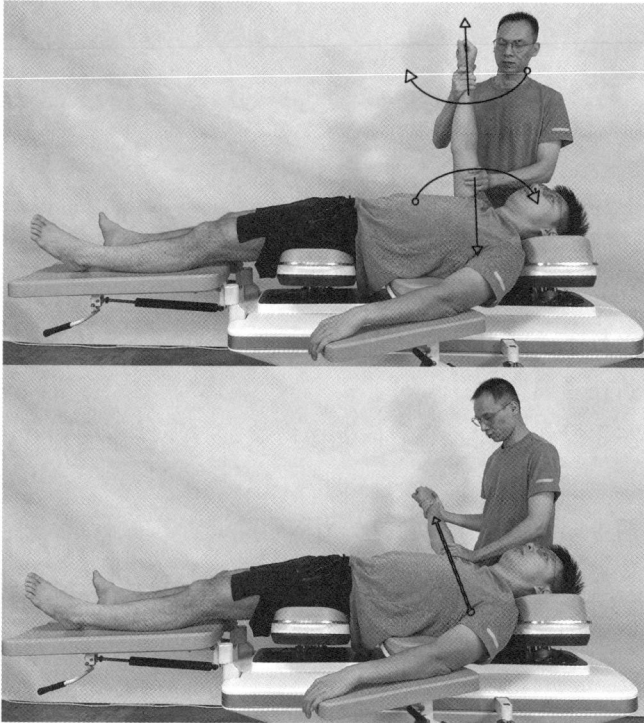

（1）静态手法。

①将力态康复床设置为骨盆右旋—胸腔左旋—颅腔右旋模式。

②康复师站在受训者的右侧。

③康复师左手操作受训者右肩内侧做外旋，右手操作受训者右手腕外侧做内旋。

④康复师两手同时产生螺旋拮抗的力固定受训者的右手臂。

⑤康复师依靠自己的重心运动，将受训者的肩关节从肩水平内收内旋调整到肩水平外展内旋的位置后停留一会。

（2）动态手法。

①先做到静态手法。

②康复师依靠自己的重心运动，将受训者的肩关节反复地做从肩水平内收内旋到肩水平外展内旋的运动。

（3）离心控制训练。

在康复师给受训者做肩水平外展内旋手法时，受训者主动用一部分力量收紧肌肉，拮抗这个动作。

5．右肩水平内收外旋＋力态康复床骨盆左旋模式

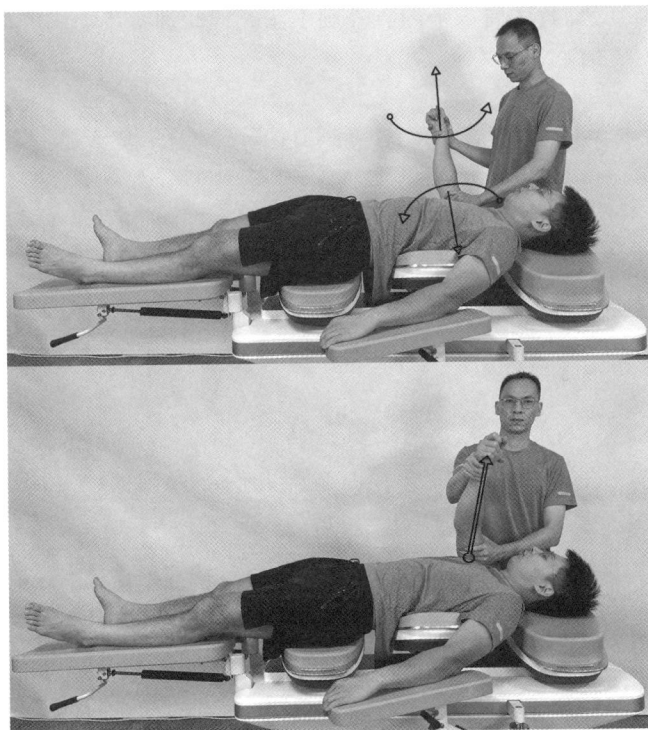

（1）静态手法。

①将力态康复床设置为骨盆左旋—胸腔右旋—颅腔左旋模式。

②康复师站在受训者的右侧。

③康复师左手操作受训者右肩内侧做内旋，右手操作受训者右手腕外侧做外旋。

④康复师两手同时产生螺旋拮抗的力固定受训者的右手臂。

⑤康复师依靠自己的重心运动，将受训者的肩关节从肩水平外展外旋调整到肩水平内收外旋的位置后停留一会。

（2）动态手法。

①先做到静态手法。

②康复师依靠自己的重心运动，将受训者的肩关节反复地做从肩水平外展外旋到肩水平内收外旋的运动。

（3）离心控制训练。

在康复师给受训者做肩水平内收外旋手法时，受训者主动用一部分力量收紧肌肉，拮抗这个动作。

6. 右肩水平内收内旋 + 力态康复床骨盆左旋模式

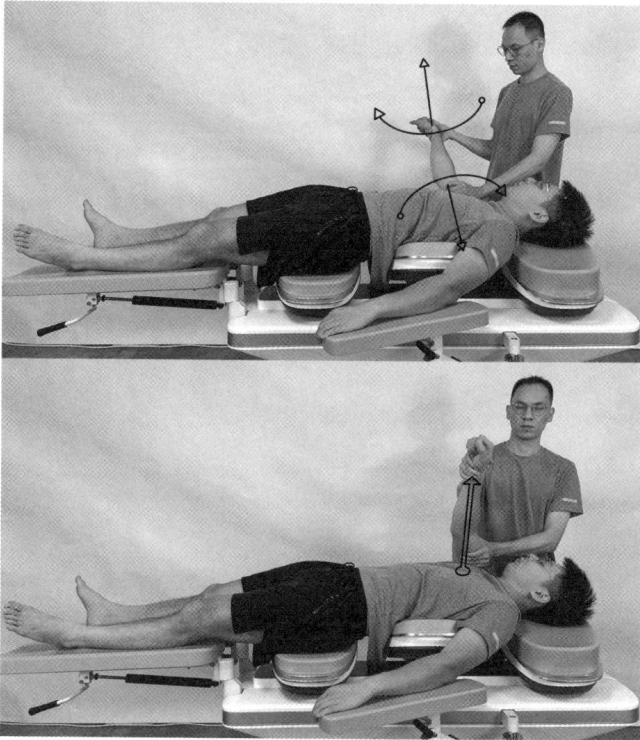

（1）静态手法。

①将力态康复床设置为骨盆左旋—胸腔右旋—颅腔左旋模式。

②康复师站在受训者的右侧。

③康复师左手操作受训者右肩内侧做外旋，右手操作受训者右手腕外侧做内旋。

④康复师两手同时产生螺旋拮抗的力固定受训者的右手臂。

⑤康复师依靠自己的重心运动，将受训者的肩关节从肩水平外展内旋调整到肩水平内收内旋的位置后停留一会。

（2）动态手法。

①先做到静态手法。

②康复师依靠自己的重心运动，将受训者的肩关节反复地做从肩水平外展内旋到肩水平内收内旋的运动。

（3）离心控制训练。

在康复师给受训者做肩水平内收内旋手法时，受训者主动用一部分力量收紧肌肉，拮抗这个动作。

3.4　水平面髋部向心控制训练

1. 髋内旋向心控制训练

（1）右髋内旋同侧＋力态康复床骨盆右旋模式。

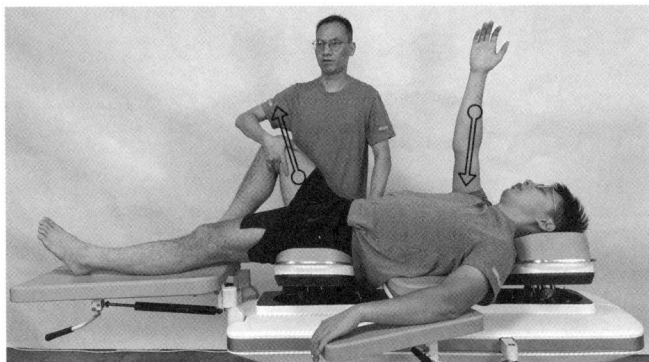

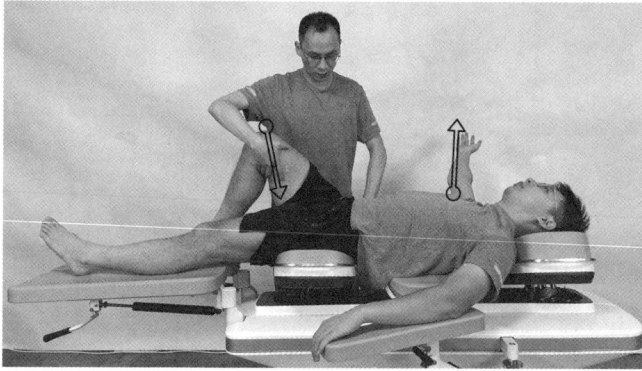

①将力态康复床设置为骨盆右旋—胸腔左旋—颅腔右旋模式。
②康复师站在受训者的右侧。
③康复师右手拉着受训者右腿内侧，左手固定受训者右侧骨盆。
④康复师左手将受训者的右髋关节摆放在髋外旋状态并给予一定的阻力。
⑤受训者的右手臂处在肩水平内收。
⑥受训者对抗康复师施加在右腿的阻力，将右髋关节匀速运动到髋内旋。
⑦受训者的右手臂从肩水平内收匀速运动到肩水平外展。
（2）右髋内旋对侧＋力态康复床骨盆右旋模式。

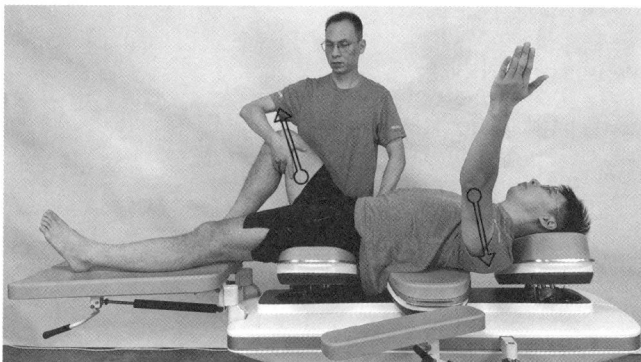

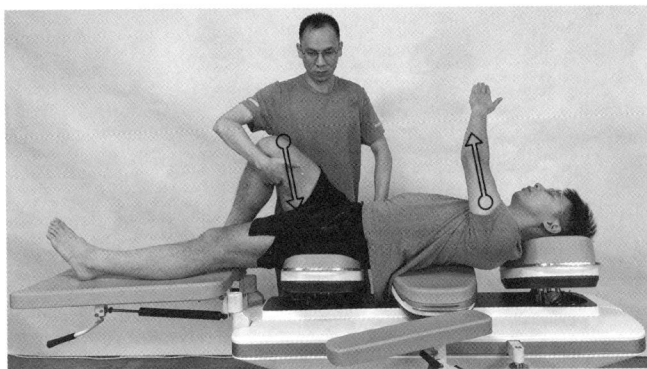

①将力态康复床设置为骨盆右旋—胸腔左旋—颅腔右旋模式。

②康复师站在受训者的右侧。

③康复师右手拉着受训者右腿内侧，左手固定受训者右侧骨盆。

④康复师左手将受训者的右髋关节摆放在髋外旋状态并给予一定的阻力。

⑤受训者的左手臂处在肩水平外展。

⑥受训者对抗康复师施加在右腿的阻力，将右髋关节匀速运动到髋内旋。

⑦受训者的左手臂从肩水平外展匀速运动到肩水平内收。

2.　髋外旋向心控制训练

（1）右髋外旋同侧 + 力态康复床骨盆左旋模式。

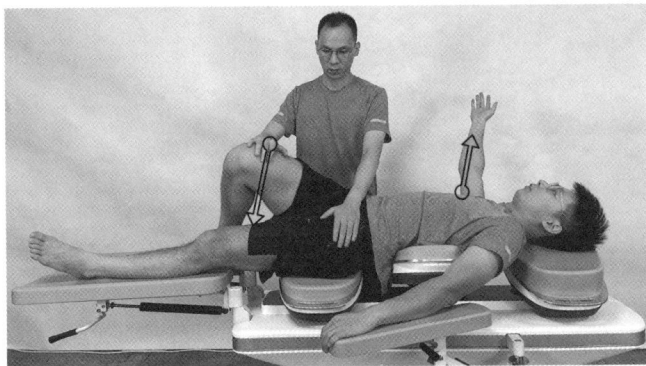

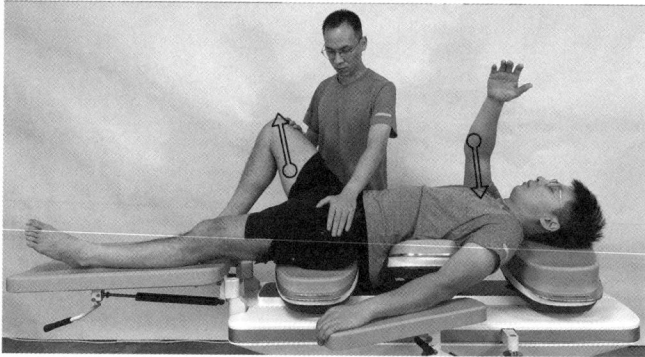

①将力态康复床设置为骨盆左旋—胸腔右旋—颅腔左旋模式。

②康复师站在受训者的右侧。

③康复师右手推着受训者右腿外侧，左手固定受训者左侧骨盆。

④康复师右手将受训者的右髋关节摆放在髋内旋状态并给予一定的阻力。

⑤受训者的右手臂处在肩水平外展。

⑥受训者对抗康复师施加在右腿的阻力，将右髋关节匀速运动到髋外旋。

⑦受训者的右手臂从肩水平外展匀速运动到肩水平内收。

（2）右髋外旋对侧＋力态康复床骨盆左旋模式。

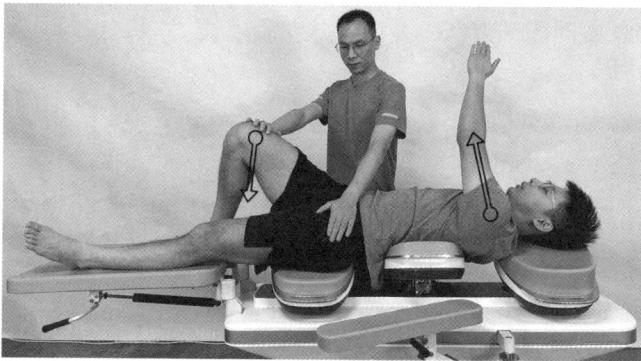

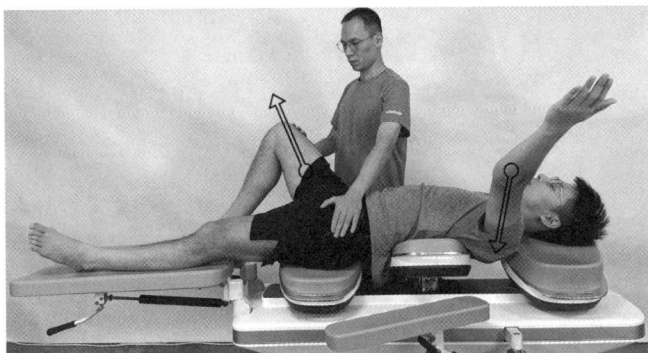

①将力态康复床设置为骨盆左旋—胸腔右旋—颅腔左旋模式。

②康复师站在受训者的右侧。

③康复师右手推着受训者右腿外侧，左手固定受训者左侧骨盆。

④康复师右手将受训者的右髋关节摆放在髋内旋状态并给予一定的阻力。

⑤受训者的左手臂处在肩水平内收。

⑥受训者对抗康复师施加在右腿的阻力，将右髋关节匀速运动到髋外旋。

⑦受训者的左手臂从肩水平内收匀速运动到肩水平外展。

3.5 水平面胸腔旋转控制训练

1. 胸腔开放性旋转训练 + 力态康复床骨盆前倾模式

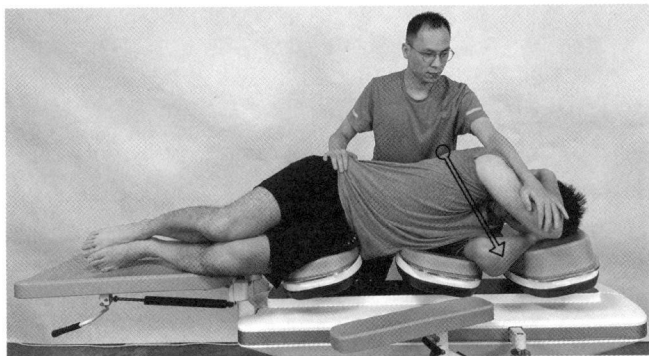

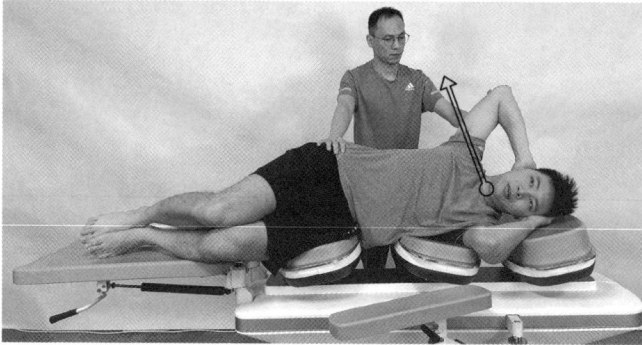

①将力态康复床设置为骨盆前倾—胸腔后弯—颅腔屈曲模式。

②康复师站在受训者的后侧。

③康复师左手放在受训者右肘外侧，右手固定受训者右侧骨盆后侧。

④康复师左手向前向下推动受训者的右肘关节，使受训者胸腔左旋、肩水平内收。

⑤受训者主动将胸腔右旋带动右肩水平外展。

⑥康复师在感觉到受训者右侧骨盆向后时，及时给予向前的阻力固定骨盆。

2. 胸腔闭合性旋转训练 + 力态康复床骨盆前倾模式

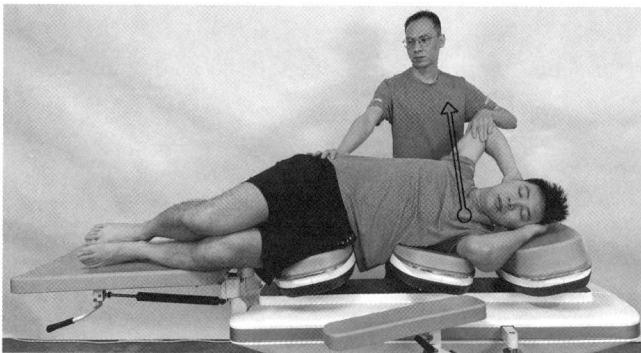

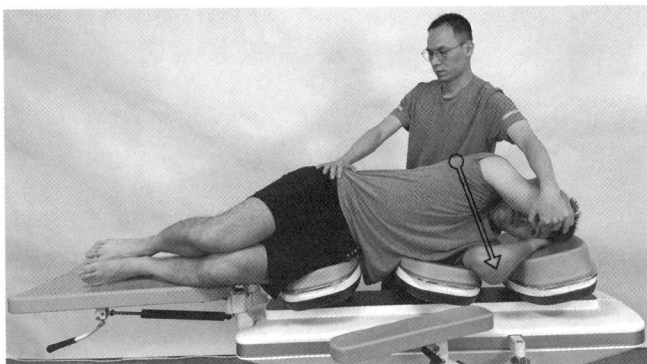

①将力态康复床设置为骨盆前倾—胸腔后弯—颅腔屈曲模式。

②康复师站在受训者的后侧。

③康复师左手放在受训者右肘内侧，右手固定受训者右侧骨盆前侧。

④康复师左手向后向上拉动受训者的右肘关节，使受训者胸腔右旋、肩水平外展。

⑤受训者主动将胸腔左旋带动右肩水平内收。

⑥康复师在感觉到受训者右侧骨盆向前时，及时给予向后的阻力固定骨盆。

3.6　水平面整体等长控制训练

1. 右髋内旋同侧 + 力态康复床骨盆右旋模式

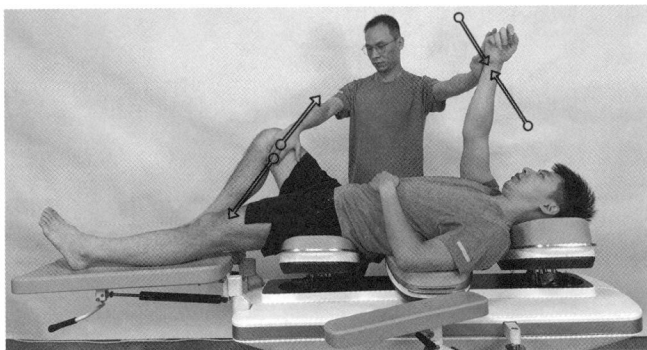

①将力态康复床设置为骨盆右旋—胸腔左旋—颅腔右旋模式。

②康复师站在受训者右侧。

③康复师右手拉住受训者右大腿内侧。

④康复师左手推住受训者右手腕外侧。

⑤受训者主动将右髋内旋同时右肩水平外展。

⑥康复师给予阻力，让受训者肢体在这个位置保持拮抗。

2. 右髋内旋对侧 + 力态康复床骨盆右旋模式

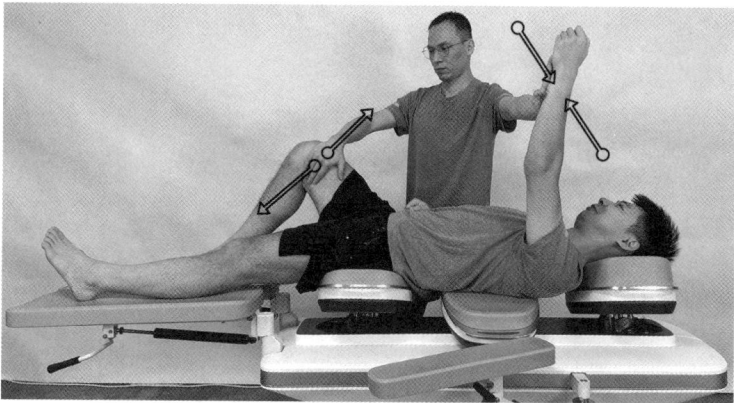

①将力态康复床设置为骨盆右旋—胸腔左旋—颅腔右旋模式。

②康复师站在受训者右侧。

③康复师右手拉住受训者右大腿内侧。

④康复师左手推住受训者左手腕内侧。

⑤受训者主动将右髋内旋同时左肩水平内收。

⑥康复师给予阻力，让受训者肢体在这个位置保持拮抗。

3. 右髋外旋同侧 + 力态康复床:骨盆左旋模式

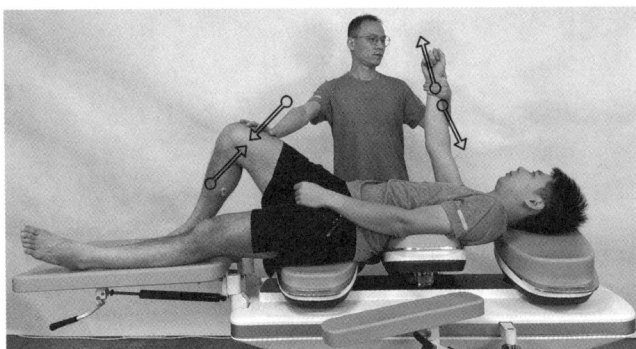

①将力态康复床设置为骨盆左旋—胸腔右旋—颅腔左旋模式。
②康复师站在受训者右侧。
③康复师右手推住受训者右大腿外侧。
④康复师左手拉住受训者右手腕内侧。
⑤受训者主动将右髋外旋同时右肩水平内收。
⑥康复师给予阻力，让受训者肢体在这个位置保持拮抗。

4. 右髋外旋对侧 + 力态康复床:骨盆左旋模式

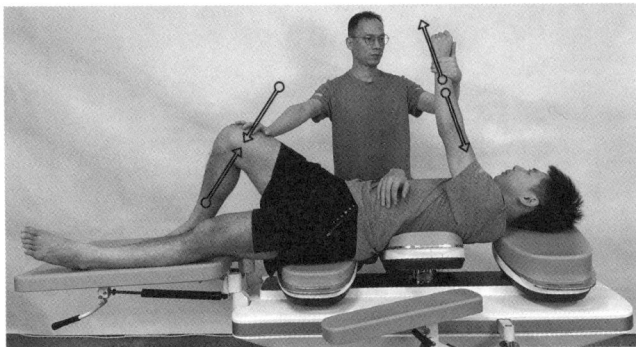

①将力态康复床设置为骨盆左旋—胸腔右旋—颅腔左旋模式。

②康复师站在受训者右侧。

③康复师右手推住受训者右大腿外侧。

④康复师左手拉住受训者左手腕外侧。

⑤受训者主动将右髋外旋同时左肩水平外展。

⑥康复师给予阻力，让受训者肢体在这个位置保持拮抗。

4 冠状面力态手法和训练

4.1 冠状面滑轮组关节链

1. 冠状面骨盆右倾和骨盆左倾模式

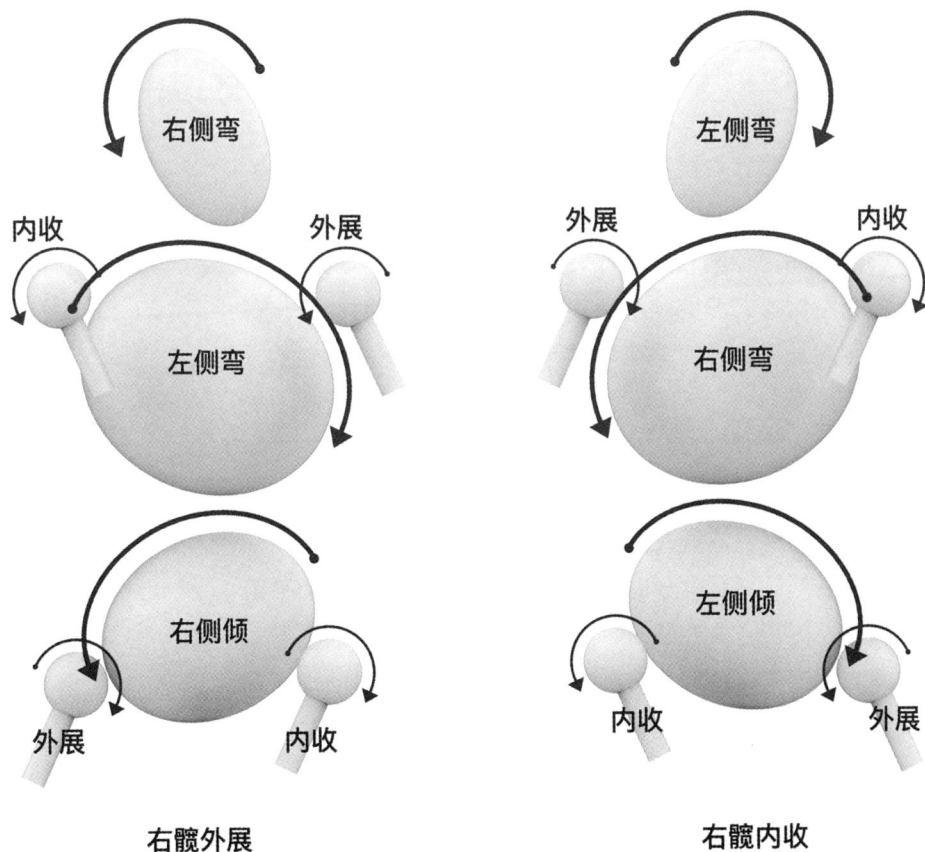

右侧弯

左侧弯

内收　外展

左侧弯

外展　内收

右侧弯

右侧倾

左侧倾

外展　内收

内收　外展

右髋外展

右髋内收

左图是以右髋外展为驱动的力态线的运动模式，当右髋外展时，滑轮组每一个箭头运动中交汇处压力会增大、分离处张力会增大。

右图是以右髋内收为驱动的力态线的运动模式，当右髋内收时，滑轮组每一个箭头运动中交汇处压力会增大、分离处张力会增大。

2. 同侧运动

（1）以右髋外展为例。

右侧髋外展：右髋在冠状面顺时针旋转。

骨盆右侧倾：骨盆逆时针旋转保持与髋关节相对的平衡。

胸腔左侧弯：胸腔顺时针旋转保持与骨盆相对的平衡。

颅腔右侧弯：颅腔逆时针旋转保持与胸腔相对的平衡。

右侧肩内收：右肩关节逆时针旋转保持与胸腔相对的平衡。

（2）以右髋内收为例。

右侧髋内收：右髋在冠状面逆时针旋转。

骨盆左侧倾：骨盆顺时针旋转保持与髋关节相对的平衡。

胸腔右侧弯：胸腔逆时针旋转保持与骨盆相对的平衡。

颅腔左侧弯：颅腔顺时针旋转保持与胸腔相对的平衡。

右侧肩外展：右肩关节顺时针旋转保持与胸腔相对的平衡。

3. 对侧运动

（1）以右髋外展为例。

右侧髋外展：右髋在冠状面顺时针旋转。

骨盆右侧倾：骨盆逆时针旋转保持与髋关节相对的平衡。

胸腔左侧弯：胸腔顺时针旋转保持与骨盆相对的平衡。

颅腔右侧弯：颅腔逆时针旋转保持与胸腔相对的平衡。

左侧肩外展：左肩关节逆时针旋转保持与胸腔相对的平衡。

（2）以右髋内收为例。

右侧髋内收：右髋在冠状面逆时针旋转。

骨盆左侧倾：骨盆顺时针旋转保持与髋关节相对的平衡。

胸腔右侧弯：胸腔逆时针旋转保持与骨盆相对的平衡。

颅腔左侧弯：颅腔顺时针旋转保持与胸腔相对的平衡。

左侧肩内收：左肩关节顺时针旋转保持与胸腔相对的平衡。

4．力态链耦合应用

所有冠状面相关的手法和训练都是冠状面关节链滑轮组的应用，这些手法和训练有特定的力态康复床耦合模式。在有力态康复床配合时发挥的效果，大于没有力态康复床的效果。

4.2　冠状面髋部激活手法

1. 右髋外展外旋＋力态康复床骨盆右倾模式

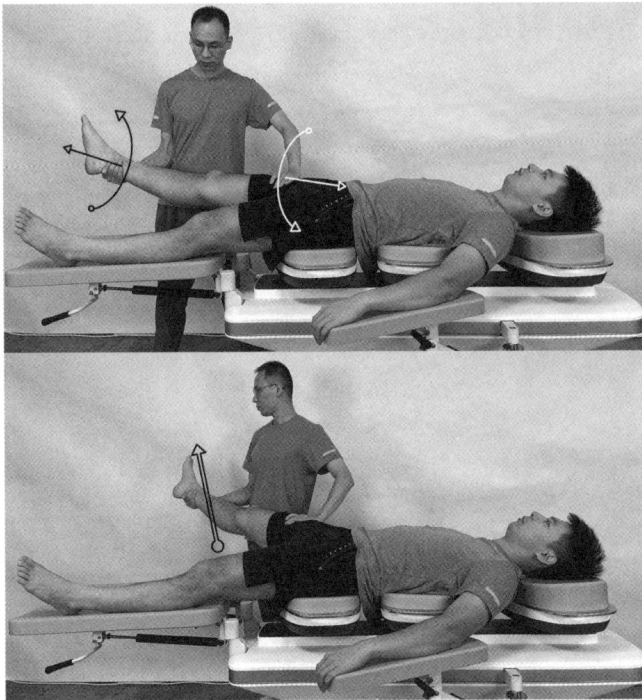

（1）静态手法。

①将力态康复床设置为骨盆右倾—胸腔左倾—颅腔右倾模式。

②康复师站在受训者的右侧。

③康复师左手操作受训者右腿内侧靠近髋关节处做内旋，右手操作受训者右脚踝外侧做外旋。

④康复师两手同时产生螺旋拮抗的力固定受训者的右腿，将受训者右腿固定在相对的中立位。

⑤康复师依靠自己的重心运动，将受训者的髋关节从中立位调整到髋外展外旋的位置后停留一会。

（2）动态手法。

①先做到静态手法。

②康复师依靠自己的重心运动，将受训者的髋关节反复地做从中立位到髋外展外旋的运动。

（3）离心控制训练。

在康复师给受训者做髋外展外旋手法时，受训者主动用一部分力量收紧肌肉，拮抗这个动作。

2. 右髋外展内旋＋力态康复床骨盆右倾模式

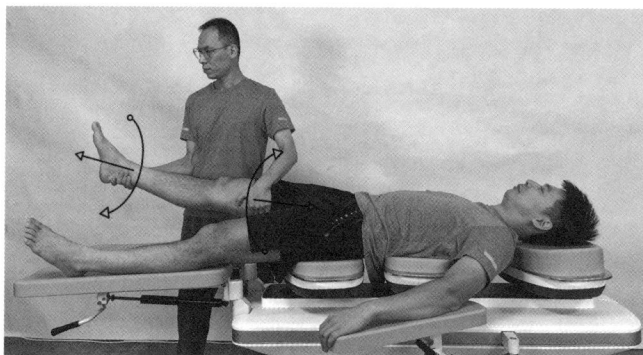

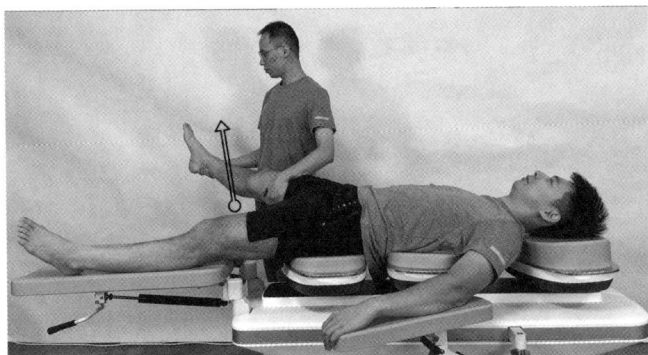

（1）静态手法。

①将力态康复床设置为骨盆右倾—胸腔左倾—颅腔右倾模式。

②康复师站在受训者的右侧。

③康复师左手操作受训者右腿内侧靠近髋关节处做外旋，右手操作受训者右脚踝外侧做内旋。

④康复师两手同时产生螺旋拮抗的力固定受训者的右腿，将受训者右腿固定在相对的中立位。

⑤康复师依靠自己的重心运动，将受训者的髋关节从中立位调整到髋外展内旋的位置后停留一会。

（2）动态手法。

①先做到静态手法。

②康复师依靠自己的重心运动，将受训者的髋关节反复地做从中立位到髋外展内旋的运动。

（3）离心控制训练。

在康复师给受训者做髋外展内旋手法时，受训者主动用一部分力量收紧肌肉，拮抗这个动作。

3. 右髋内收外旋 + 力态康复床骨盆左倾模式

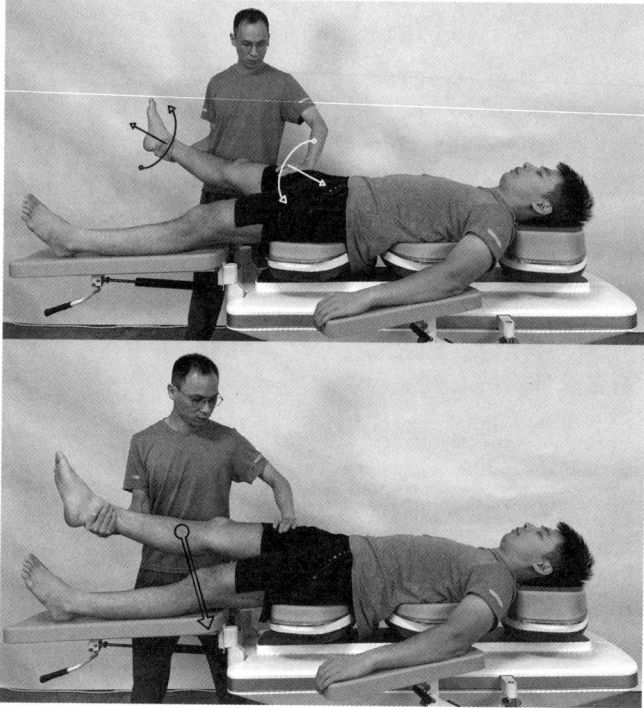

（1）静态手法。

①将力态康复床设置为骨盆左倾—胸腔右倾—颅腔左倾模式。

②康复师站在受训者的右侧。

③康复师左手操作受训者右腿内侧靠近髋关节处做内旋，右手操作受训者右脚踝外侧做外旋。

④康复师两手同时产生螺旋拮抗的力固定受训者的右腿，将受训者右腿固定在髋外展外旋的位置。

⑤康复师依靠自己的重心运动，将受训者的髋关节从髋外展外旋调整到髋内收外旋的位置后停留一会。

（2）动态手法。

①先做到静态手法。

②康复师依靠自己的重心运动，将受训者的髋关节反复地做从髋外展外旋到髋内收外旋的运动。

（3）离心控制训练。

在康复师给受训者做髋内收外旋手法时，受训者主动用一部分力量收紧肌肉，拮抗这个动作。

4. 右髋内收内旋＋力态康复床骨盆左倾模式

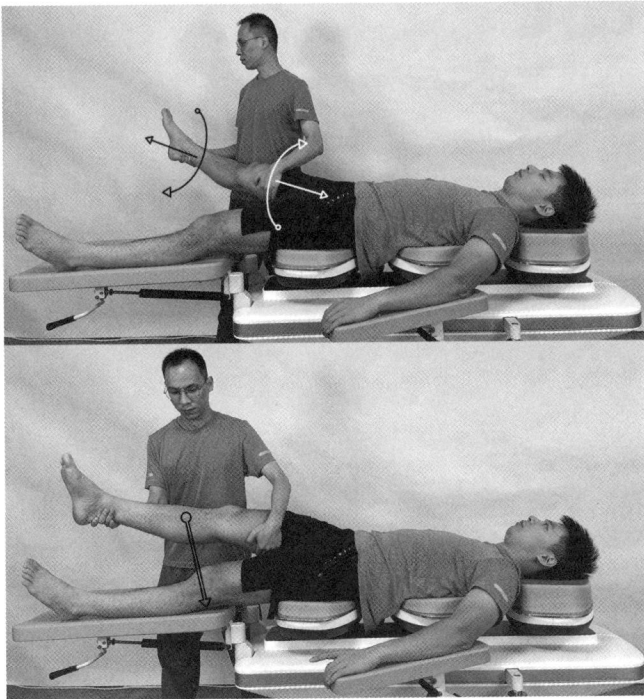

（1）静态手法。

①将力态康复床设置为骨盆左倾—胸腔右倾—颅腔左倾模式。

②康复师站在受训者的右侧。

③康复师左手操作受训者右腿内侧靠近髋关节处做外旋，右手操作受训者右脚踝外侧做内旋。

④康复师两手同时产生螺旋拮抗的力固定受训者的右腿，将受训者右腿固定在髋外展内旋的位置。

⑤康复师依靠自己的重心运动，将受训者的髋关节从髋外展内旋调整到髋内收内旋的位置后停留一会。

（2）动态手法。

①先做到静态手法。

②康复师依靠自己的重心运动，将受训者的髋关节反复地做从髋外展内旋到髋内收内旋的运动。

（3）离心控制训练。

在康复师给受训者做髋内收内旋手法时，受训者主动用一部分力量收紧肌肉，拮抗这个动作。

4.3 冠状面肩部激活手法

1. 右肩胛骨上抬 + 力态康复床骨盆右倾模式

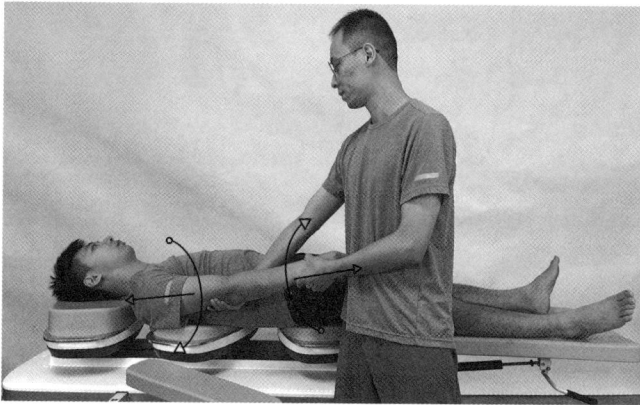

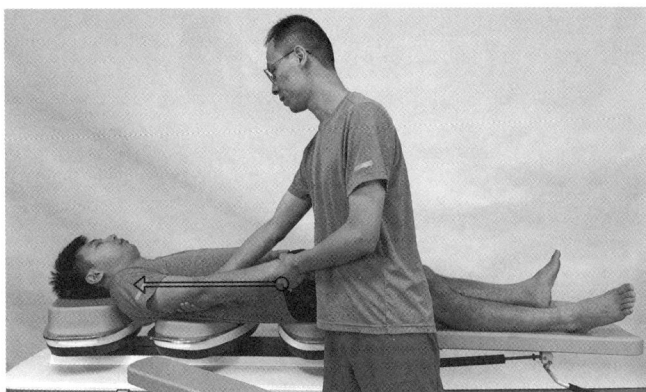

（1）静态手法。

①将力态康复床设置为骨盆右倾—胸腔左倾—颅腔右倾模式。

②康复师站在受训者的右侧。

③康复师右手将受训者右肩外旋，左手将受训者右前臂内旋。

④康复师两手同时产生螺旋拮抗的力固定受训者的右臂，将受训者右臂摆放到肩胛骨下压的位置。

⑤康复师依靠自己的重心运动，将受训者的肩关节从肩胛骨下压调整到肩胛骨上抬的位置后停留一会。

（2）动态手法。

①先做到静态手法。

②康复师依靠自己的重心运动，将受训者的肩关节反复地做从肩胛骨下压到肩胛骨上抬的运动。

（3）离心控制训练。

在康复师给受训者做肩胛骨上抬手法时，受训者主动用一部分力量收紧肌肉，拮抗这个动作。

2. 右肩胛骨下压 + 力态康复床骨盆左倾模式

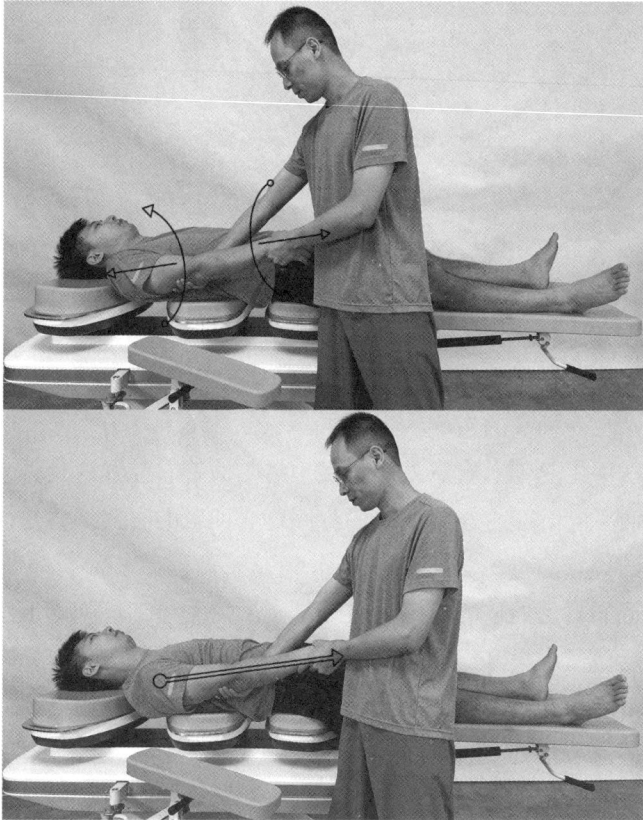

（1）静态手法。

①将力态康复床设置为骨盆左倾—胸腔右倾—颅腔左倾模式。

②康复师站在受训者的右侧。

③康复师右手将受训者右肩内旋，左手将受训者右前臂外旋。

④康复师两手同时产生螺旋拮抗的力固定受训者的右臂，将受训者右臂摆放到肩胛骨上抬的位置。

⑤康复师依靠自己的重心运动，将受训者的肩关节从肩胛骨上抬调整到肩胛骨下压的位置后停留一会。

（2）动态手法。

①先做到静态手法。

②康复师依靠自己的重心运动，将受训者的肩关节反复地做从肩胛骨上抬到肩胛骨下压的运动。

（3）离心控制训练。

在康复师给受训者做肩胛骨下压手法时，受训者主动用一部分力量收紧肌肉，拮抗这个动作。

3. 右肩内收内旋 + 力态康复床骨盆右倾模式

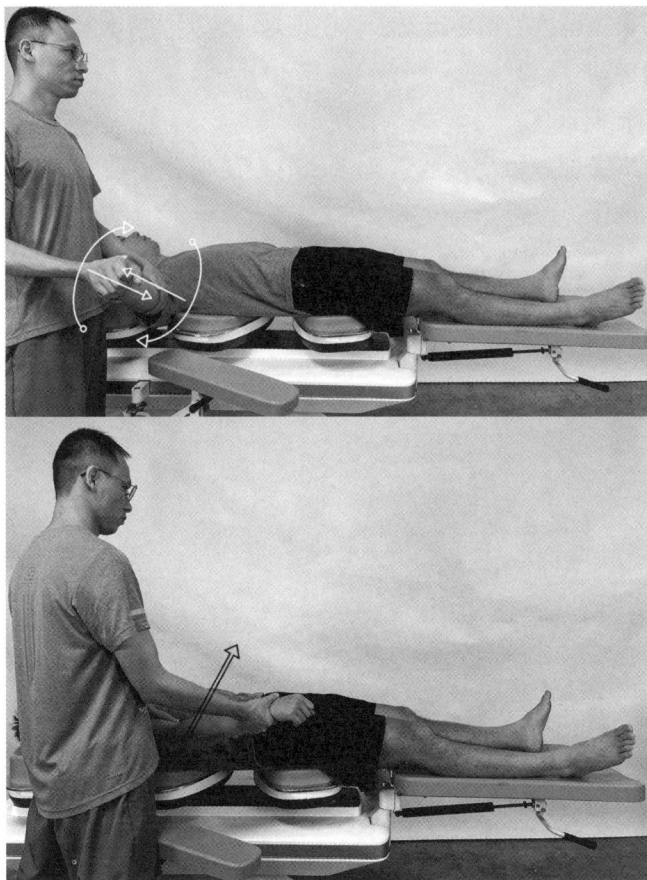

（1）静态手法。

①将力态康复床设置为骨盆右倾—胸腔左倾—颅腔右倾模式。

②康复师站在受训者的右侧。

③康复师左手将受训者右肩外旋，右手将受训者右前臂内旋。

④康复师两手同时产生螺旋拮抗的力固定受训者的右臂，将受训者右臂摆放到肩外展内旋的位置。

⑤康复师依靠自己的重心运动，将受训者的肩关节从肩外展内旋调整到肩内收内旋的位置后停留一会。

（2）动态手法。

①先做到静态手法。

②康复师依靠自己的重心运动，将受训者的肩关节反复地做从肩外展内旋到肩内收内旋的运动。

（3）离心控制训练。

在康复师给受训者做肩内收内旋手法时，受训者主动用一部分力量收紧肌肉，拮抗这个动作。

4. 右肩内收外旋＋力态康复床骨盆右倾模式

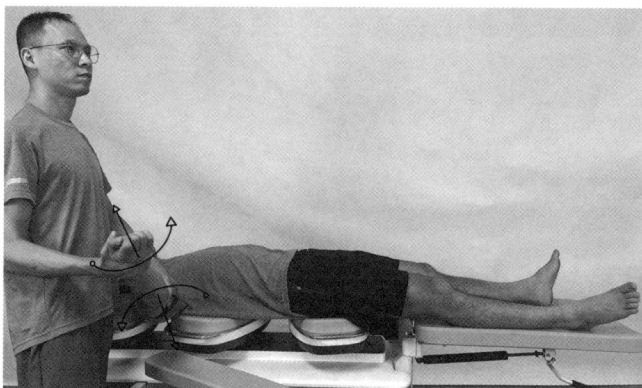

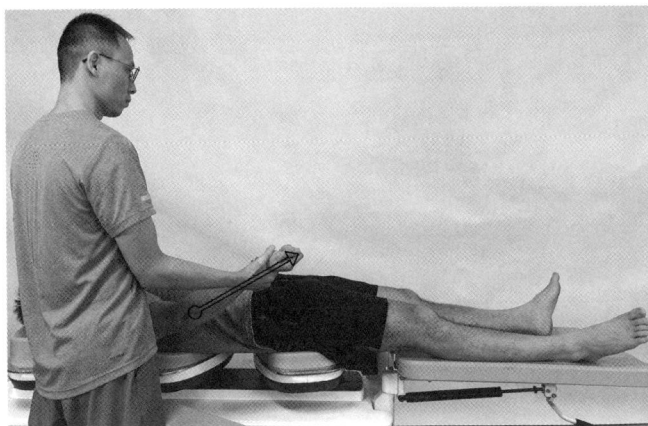

（1）静态手法。

①将力态康复床设置为骨盆右倾—胸腔左倾—颅腔右倾模式。

②康复师站在受训者的右侧。

③康复师左手将受训者右肩内旋，右手将受训者右前臂外旋。

④康复师两手同时产生螺旋拮抗的力固定受训者的右臂，将受训者右臂摆放到肩外展外旋的位置。

⑤康复师依靠自己的重心运动，将受训者的肩关节从肩外展外旋调整到肩内收外旋的位置后停留一会。

（2）动态手法。

①先做到静态手法。

②康复师依靠自己的重心运动，将受训者的肩关节反复地做从肩外展外旋到肩内收外旋的运动。

（3）离心控制训练。

在康复师给受训者做肩内收外旋手法时，受训者主动用一部分力量收紧肌肉，拮抗这个动作。

5. 右肩外展内旋 + 力态康复床骨盆左倾模式

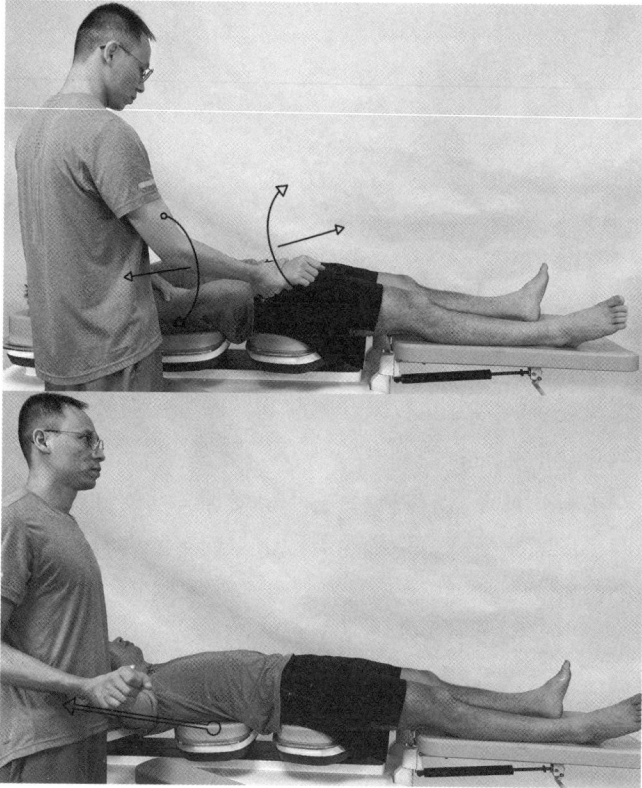

（1）静态手法。

①将力态康复床设置为骨盆左倾—胸腔右倾—颅腔左倾模式。

②康复师站在受训者的右侧。

③康复师左手将受训者右肩外旋，右手将受训者右前臂内旋。

④康复师两手同时产生螺旋拮抗的力固定受训者的右臂，将受训者右臂摆放到肩内收内旋的位置。

⑤康复师依靠自己的重心运动，将受训者的肩关节从肩内收内旋调整到肩外展内旋的位置后停留一会。

（2）动态手法。

①先做到静态手法。

②康复师依靠自己的重心运动，将受训者的肩关节反复地做从肩内收内旋到肩外展内旋的运动。

（3）离心控制训练。

在康复师给受训者做肩外展内旋手法时，受训者主动用一部分力量收紧肌肉，拮抗这个动作。

6. 右肩外展外旋＋力态康复床骨盆左倾模式

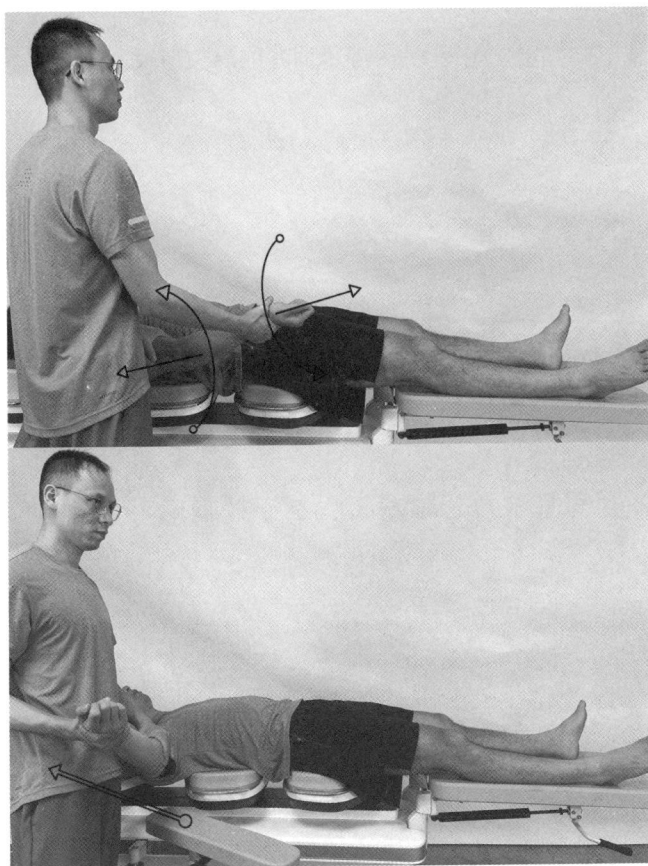

（1）静态手法。

①将力态康复床设置为骨盆左倾—胸腔右倾—颅腔左倾模式。

②康复师站在受训者的右侧。

③康复师左手将受训者右肩内旋，右手将受训者右前臂外旋。

④康复师两手同时产生螺旋拮抗的力固定受训者的右臂，将受训者右臂摆放到肩内收外旋的位置。

⑤康复师依靠自己的重心运动，将受训者的肩关节从肩内收外旋调整到肩外展外旋的位置后停留一会。

（2）动态手法。

①先做到静态手法。

②康复师依靠自己的重心运动，将受训者的肩关节反复地做从肩内收外旋到肩外展外旋的运动。

（3）离心控制训练。

在康复师给受训者做肩外展外旋手法时，受训者主动用一部分力量收紧肌肉，拮抗这个动作。

4.4 冠状面髋部向心控制训练

1. 右髋外展同侧 + 力态康复床骨盆右倾模式

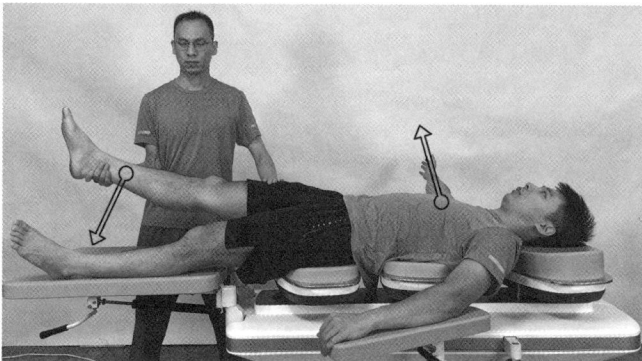

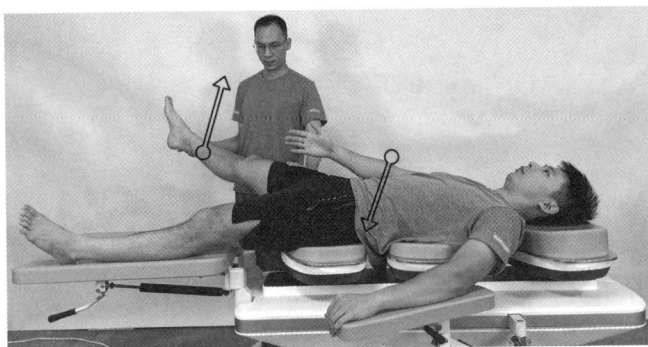

①将力态康复床设置为骨盆右倾—胸腔左倾—颅腔右倾模式。

②康复师站在受训者的右侧。

③康复师左手放在受训者右髋外侧给予一定的阻力。

④康复师右手放在受训者右脚踝外侧给予一定的支撑。

⑤受训者的右手臂处在肩外展姿势。

⑥受训者对抗康复师施加在右髋的阻力，将右髋关节从髋内收匀速运动到髋外展。

⑦受训者的右手臂从肩外展匀速运动到肩内收。

2. 右髋外展对侧＋力态康复床骨盆右倾模式

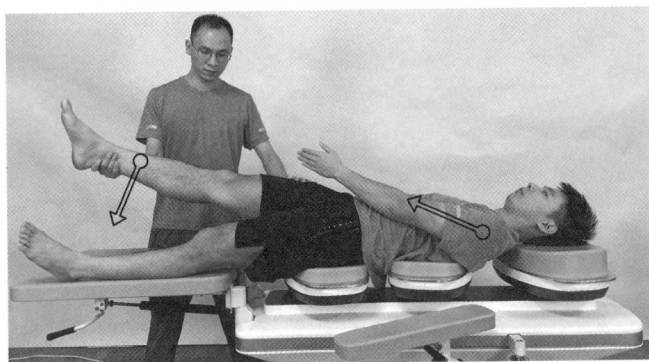

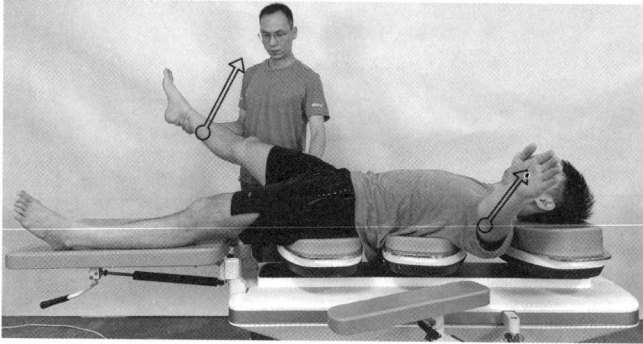

①将力态康复床设置为骨盆右倾—胸腔左倾—颅腔右倾模式。

②康复师站在受训者的右侧。

③康复师左手放在受训者右髋外侧给予一定的阻力。

④康复师右手放在受训者右脚踝外侧给予一定的支撑。

⑤受训者的左手臂处在肩内收姿势。

⑥受训者对抗康复师施加在右髋的阻力，将右髋关节从髋内收匀速运动到髋外展。

⑦受训者的左手臂从肩内收匀速运动到肩外展。

3. 右髋内收同侧 + 力态康复床·骨盆左倾模式

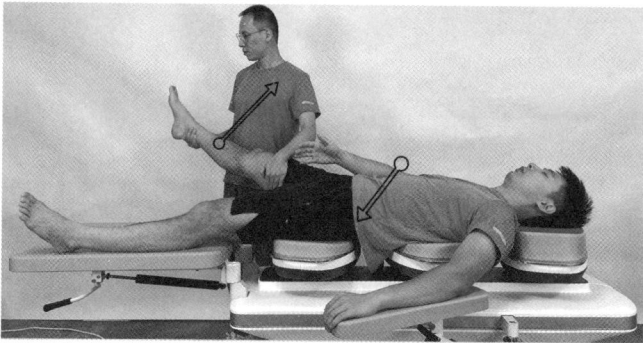

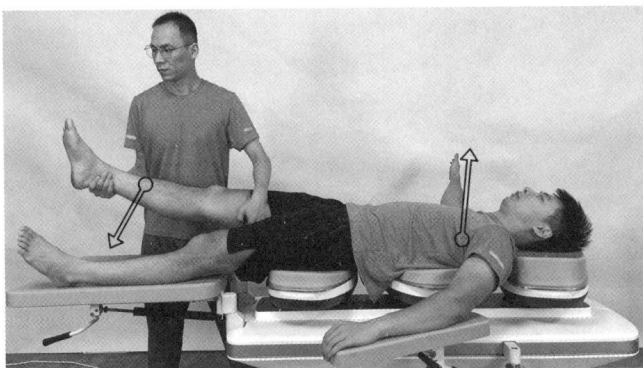

①将力态康复床设置为骨盆左倾—胸腔右倾—颅腔左倾模式。

②康复师站在受训者的右侧。

③康复师左手放在受训者右髋内侧给予一定的阻力。

④康复师右手放在受训者右脚踝外侧给予一定的支撑。

⑤受训者的右手臂处在肩内收姿势。

⑥受训者对抗康复师施加在右髋的阻力，将右髋关节从髋外展匀速运动到髋内收。

⑦受训者的右手臂从肩内收匀速运动到肩外展。

4. 右髋内收对侧 + 力态康复床骨盆左倾模式

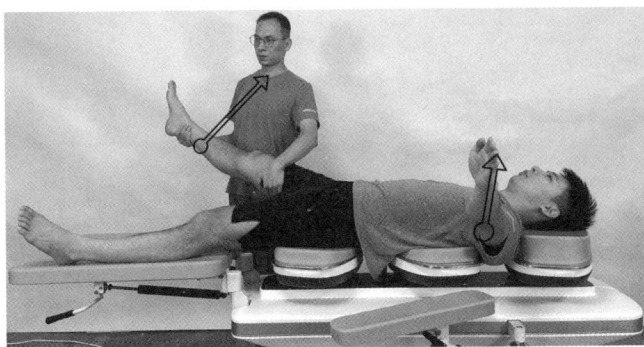

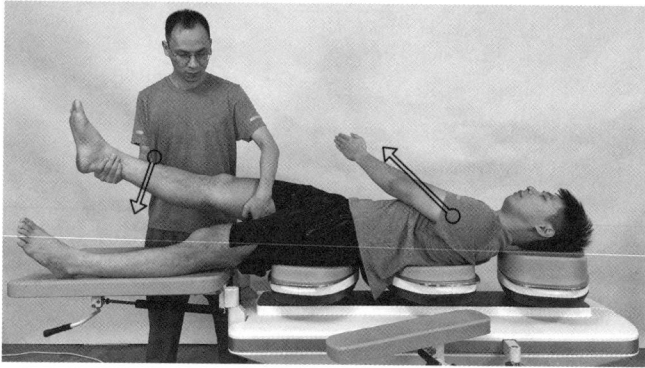

①将力态康复床设置为骨盆左倾—胸腔右倾—颅腔左倾模式。

②康复师站在受训者的右侧。

③康复师左手放在受训者右髋内侧给予一定的阻力。

④康复师右手放在受训者右脚踝外侧给予一定的支撑。

⑤受训者的左手臂处在肩外展姿势。

⑥受训者对抗康复师施加在右髋的阻力，将右髋关节从髋外展匀速运动到髋内收。

⑦受训者的左手臂从肩外展匀速运动到肩内收。

4.5　冠状面胸腔侧弯训练

1. 胸腔侧弯上抬训练 + 力态康复床骨盆后倾模式

①将力态康复床设置为骨盆后倾—胸腔屈曲—颅腔后弯模式。
②康复师站在受训者的后侧。
③康复师右手放在受训者右腹部外侧，左手放在受训者右手腕外侧。
④康复师左右手同时向下用力。
⑤受训者的右胸腔向上侧弯带动右肩外展。

2. 胸腔侧弯下压训练 + 力态康复床骨盆前倾模式

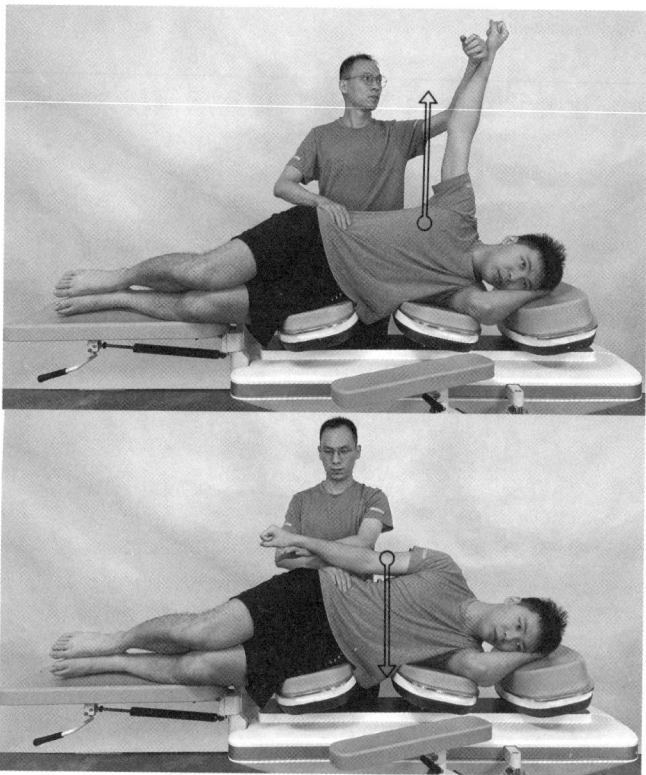

①将力态康复床设置为骨盆前倾—胸腔后弯—颅腔屈曲模式。
②康复师站在受训者的后侧。
③康复师右手放在受训者右腹部外侧，左手放在受训者右手腕内侧。
④康复师左手向上用力。
⑤受训者的右胸腔向下侧弯带动右肩内收。

4.6　冠状面整体等长收缩训练

1. 右髋外展同侧 + 力态康复床骨盆右倾模式

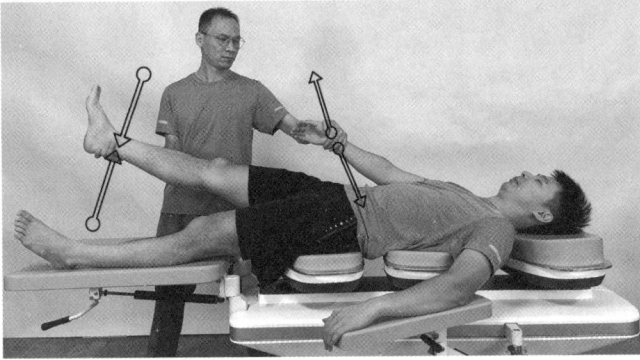

①将力态康复床设置为骨盆右倾—胸腔左倾—颅腔右倾模式。
②康复师站在受训者的右侧。
③康复师右手固定住受训者右脚踝外侧。
④康复师左手固定住受训者右手腕内侧。
⑤受训者主动将右髋外展同时右肩内收。
⑥康复师给予阻力，让受训者肢体在这个位置保持拮抗。

2. 右髋外展对侧 + 力态康复床·骨盆右倾模式

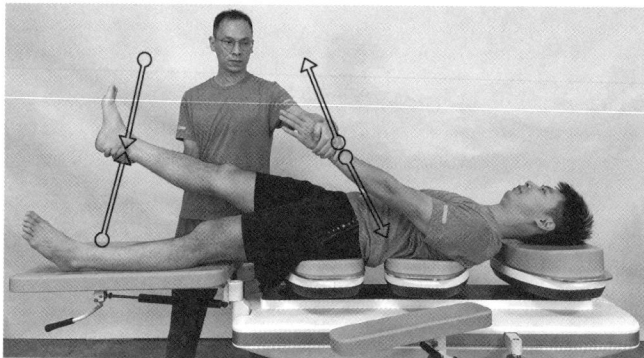

①将力态康复床设置为骨盆右倾—胸腔左倾—颅腔右倾模式。

②康复师站在受训者的右侧。

③康复师右手固定住受训者右脚踝外侧。

④康复师左手固定住受训者左手腕外侧。

⑤受训者主动将右髋外展同时左肩外展。

⑥康复师给予阻力，让受训者肢体在这个位置保持拮抗。

3. 右髋内收同侧 + 力态康复床·骨盆左倾模式

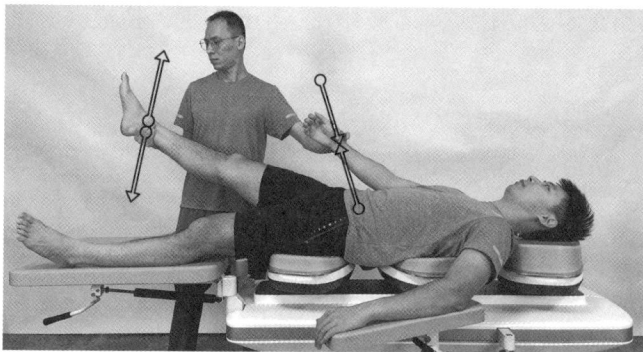

①将力态康复床设置为骨盆左倾—胸腔右倾—颅腔左倾模式。

②康复师站在受训者的右侧。

③康复师右手固定住受训者右脚踝内侧。

④康复师左手固定住受训者右手腕内侧。

⑤受训者主动将右髋内收同时右肩外展。

⑥康复师给予阻力，让受训者肢体在这个位置保持拮抗。

4. 右髋内收对侧 + 力态康复床骨盆左倾模式

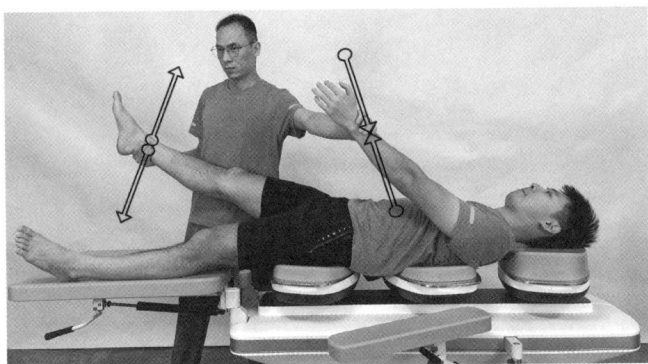

①将力态康复床设置为骨盆左倾—胸腔右倾—颅腔左倾模式。

②康复师站在受训者的右侧。

③康复师右手固定住受训者右脚踝内侧。

④康复师左手固定住受训者左手腕外侧。

⑤受训者主动将右髋内收同时左肩内收。

⑥康复师给予阻力，让受训者肢体在这个位置保持拮抗。

5 矢状面力态手法和训练

5.1 矢状面滑轮组关节链

1. 矢状面骨盆前倾和骨盆后倾模式

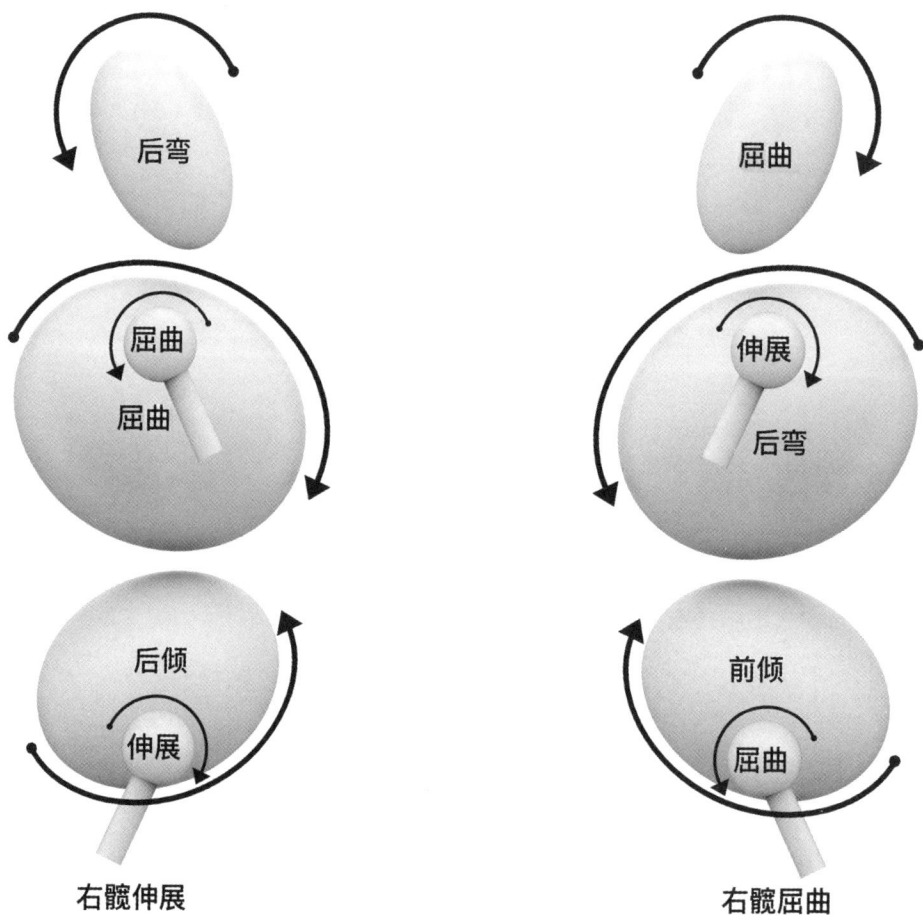

左图是以右髋伸展为驱动的力态线的运动模式，当右髋伸展时，滑轮组每一个箭头运动中交汇处压力会增大、分离处张力会增大。

右图是以右髋屈曲为驱动的力态线的运动模式，当右髋屈曲时，滑轮组每一个箭头运动中交汇处压力会增大、分离处张力会增大。

2. 同侧运动

（1）以右髋伸展为例。

右侧髋伸展：右髋矢状面顺时针旋转。

骨盆后倾：骨盆逆时针旋转保持与髋关节相对的平衡。

胸腔屈曲：胸腔顺时针旋转保持与骨盆相对的平衡。

颅腔后弯：颅腔逆时针旋转保持与胸腔相对的平衡。

右侧肩屈曲：右肩关节逆时针旋转保持与胸腔相对的平衡。

（2）以右髋屈曲为例。

右侧髋屈曲：右髋矢状面逆时针旋转。

骨盆前倾：骨盆顺时针旋转保持与髋关节相对的平衡。

胸腔后弯：胸腔逆时针旋转保持与骨盆相对的平衡。

颅腔屈曲：颅腔顺时针旋转保持与胸腔相对的平衡。

右侧肩伸展：右肩关节顺时针旋转保持与胸腔相对的平衡。

3. 对侧运动

（1）以右髋伸展为例。

右侧髋伸展：右髋矢状面顺时针旋转。

骨盆后倾：骨盆逆时针旋转保持与髋关节相对的平衡。

胸腔屈曲：胸腔顺时针旋转保持与骨盆相对的平衡。

颅腔后弯：颅腔逆时针旋转保持与胸腔相对的平衡。

左侧肩伸展：左肩关节顺时针旋转保持与胸腔相对的平衡。

（2）以右髋屈曲为例。

右侧髋屈曲：右髋矢状面逆时针旋转。

骨盆前倾：骨盆顺时针旋转保持与髋关节相对的平衡。

胸腔后弯：胸腔逆时针旋转保持与骨盆相对的平衡。

颅腔屈曲：颅腔顺时针旋转保持与胸腔相对的平衡。

左侧肩屈曲：左肩关节逆时针旋转保持与胸腔相对的平衡。

4. 力态链耦合应用

所有矢状面相关的手法和训练都是矢状面关节链滑轮组的应用，这些手法和训练有特定的力态康复床耦合模式。在有力态康复床配合时发挥的效果，大于没有力态康复床的效果。

5.2 矢状面髋部激活手法

1. 右髋屈曲内旋＋力态康复床骨盆前倾模式

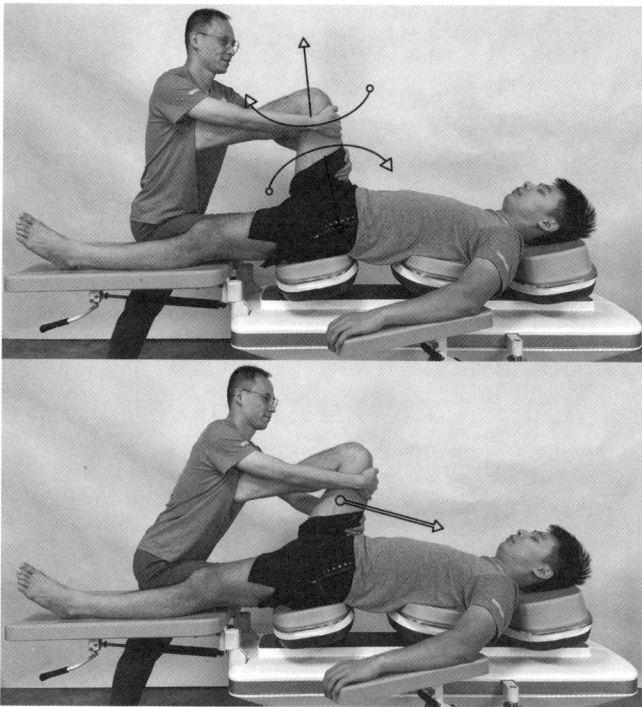

（1）静态手法。

①将力态康复床设置为骨盆前倾—胸腔后弯—颅腔屈曲模式。

②康复师站在受训者的右侧。

③康复师右手操作受训者右腿内侧膝关节处做内旋，左手操作受训者右腿外侧髋关节处做外旋。

④康复师两手同时产生螺旋拮抗的力固定受训者的右腿，将受训者右腿拉到小幅度髋屈曲的状态。

⑤康复师依靠自己的重心运动，将受训者的髋关节从小幅度髋屈曲调整到大幅度髋屈曲内旋的位置后停留一会。

（2）动态手法。

①先做到静态手法。

②康复师依靠自己的重心运动，将受训者的髋关节反复地做从小幅度髋屈曲到大幅度髋屈曲内旋的运动。

（3）离心控制训练。

在康复师给受训者做髋屈曲内旋手法时，受训者主动用一部分力量收紧肌肉，拮抗这个动作。

2. 右髋屈曲外旋 + 力态康复床骨盆前倾模式

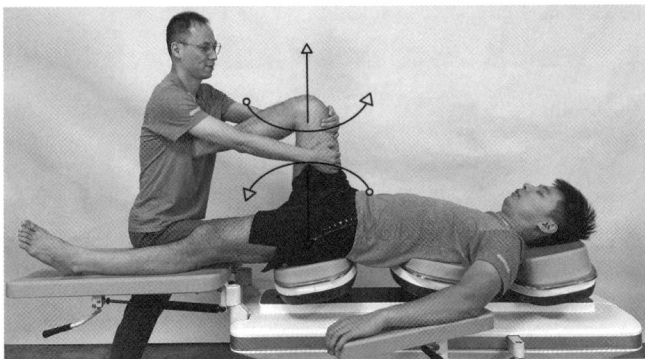

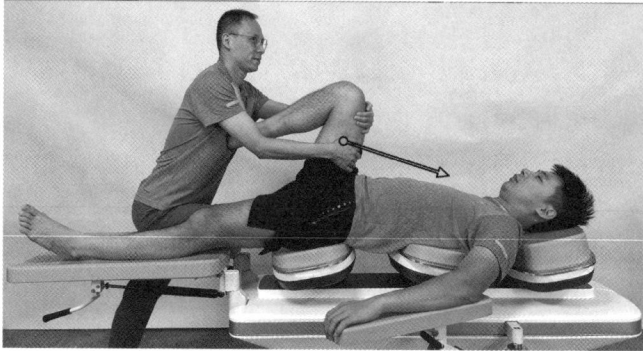

（1）静态手法。

①将力态康复床设置为骨盆前倾—胸腔后弯—颅腔屈曲模式。

②康复师站在受训者的右侧。

③康复师左手操作受训者右腿外侧膝关节处做外旋，右手操作受训者右腿外侧髋关节处做内旋。

④康复师两手同时产生螺旋拮抗的力固定受训者的右腿，将受训者右腿放到小幅度髋屈曲的状态。

⑤康复师依靠自己的重心运动，将受训者的髋关节从小幅度髋屈曲调整到大幅度髋屈曲外旋的位置后停留一会。

（2）动态手法。

①先做到静态手法。

②康复师依靠自己的重心运动，将受训者的髋关节反复地做从小幅度髋屈曲到大幅度髋屈曲外旋的运动。

（3）离心控制训练。

在康复师给受训者做髋屈曲外旋手法时，受训者主动用一部分力量收紧肌肉，拮抗这个动作。

3. 右髋伸展内旋 + 力态康复床骨盆后倾模式

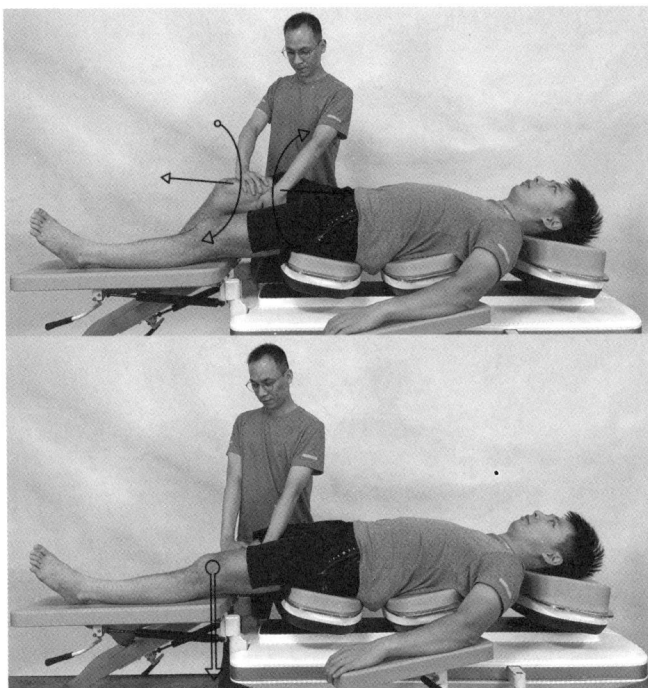

（1）静态手法。

①将力态康复床设置为骨盆后倾—胸腔屈曲—颅腔后弯模式。

②康复师站在受训者的右侧。

③康复师左手操作受训者右腿内侧靠近髋关节处做外旋，右手操作受训者右腿外侧靠近膝关节处做内旋。

④康复师两手同时产生螺旋拮抗的力固定受训者的右腿，将受训者右腿放到小幅度髋屈曲、膝屈曲的状态。

⑤康复师依靠自己的重心运动，将受训者的髋关节从小幅度髋屈曲、膝屈曲调整到髋伸展内旋、膝伸展的位置后停留一会。

（2）动态手法。

①先做到静态手法。

②康复师依靠自己的重心运动，将受训者的髋关节反复地做从小幅度髋屈

曲、膝屈曲到髋伸展内旋、膝伸展的运动。

（3）离心控制训练。

在康复师给受训者做髋伸展内旋手法时，受训者主动用一部分力量收紧肌肉，拮抗这个动作。

4. 右髋伸展外旋 + 力态康复床骨盆后倾模式

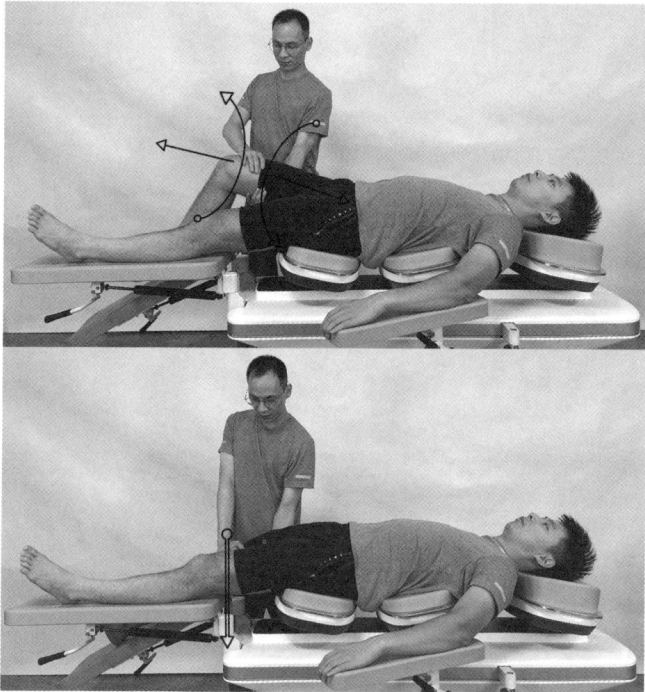

（1）静态手法。

①将力态康复床设置为骨盆后倾—胸腔屈曲—颅腔后弯模式。

②康复师站在受训者的右侧。

③康复师左手操作受训者右腿外侧髋关节处做内旋，右手操作受训者右腿内侧靠近膝关节处做外旋。

④康复师两手同时产生螺旋拮抗的力固定受训者的右腿，将受训者右腿放到小幅度髋屈曲、膝屈曲的状态。

⑤康复师依靠自己的重心运动，将受训者的髋关节从小幅度髋屈曲、膝屈曲调整到髋伸展外旋、膝伸展的位置后停留一会。

（2）动态手法。

①先做到静态手法。

②康复师依靠自己的重心运动，将受训者的髋关节反复地做从小幅度髋屈曲、膝屈曲到髋伸展外旋、膝伸展的运动。

（3）离心控制训练。

在康复师给受训者做髋伸展外旋手法时，受训者主动用一部分力量收紧肌肉，拮抗这个动作。

5.3　矢状面肩部激活手法

1. 右肩伸展内旋 + 力态康复床骨盆前倾模式

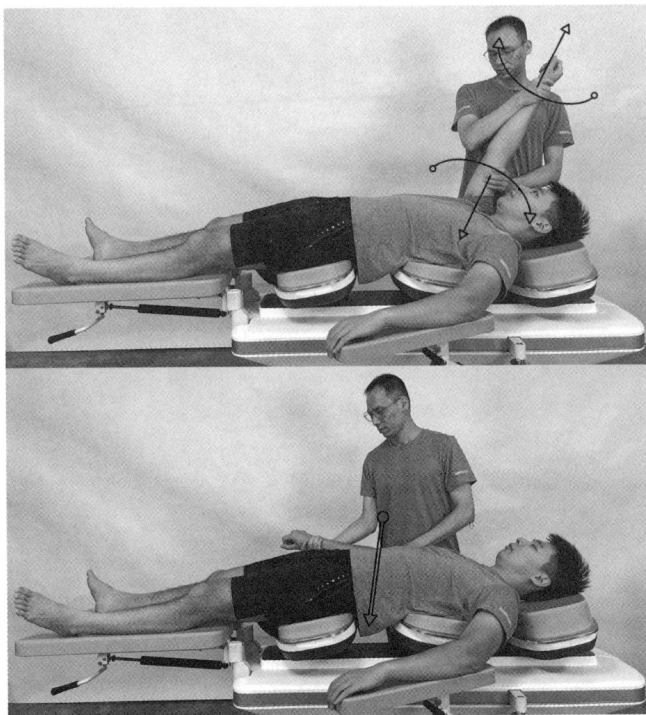

（1）静态手法。

①将力态康复床设置为骨盆前倾—胸腔后弯—颅腔屈曲模式。

②康复师站在受训者的右侧。

③康复师左手操作受训者右肩内侧做外旋，右手操作受训者右手腕外侧做内旋。

④康复师两手同时产生螺旋拮抗的力固定受训者的右手臂。

⑤康复师依靠自己的重心运动，将受训者的肩关节从肩屈曲调整到肩伸展内旋的位置。

（2）动态手法。

①先做到静态手法。

②康复师依靠自己的重心运动，将受训者的肩关节反复地做从肩屈曲到肩伸展内旋的运动。

（3）离心控制训练。

在康复师给受训者做肩伸展内旋手法时，受训者主动用一部分力量收紧肌肉，拮抗这个动作。

2. 右肩伸展外旋 + 力态康复床骨盆前倾模式

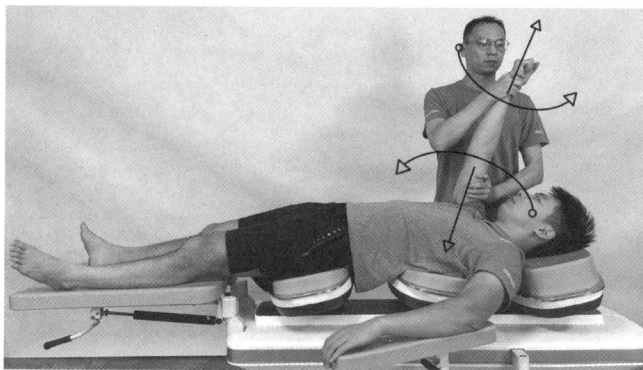

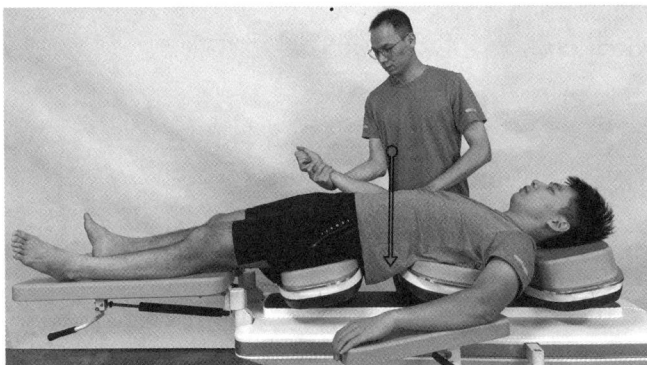

（1）静态手法。

①将力态康复床设置为骨盆前倾—胸腔后弯—颅腔屈曲模式。

②康复师站在受训者的右侧。

③康复师左手操作受训者右肩外侧做内旋，右手操作受训者右手腕内侧做外旋。

④康复师两手同时产生螺旋拮抗的力固定受训者的右手臂。

⑤康复师依靠自己的重心运动，将受训者的肩关节从肩屈曲调整到肩伸展外旋的位置。

（2）动态手法。

①先做到静态手法。

②康复师依靠自己的重心运动，将受训者的肩关节反复地做从肩屈曲到肩伸展外旋的运动。

（3）离心控制训练。

在康复师给受训者做肩伸展外旋手法时，受训者主动用一部分力量收紧肌肉，拮抗这个动作。

3. 右肩屈曲内旋 + 力态康复床骨盆后倾模式

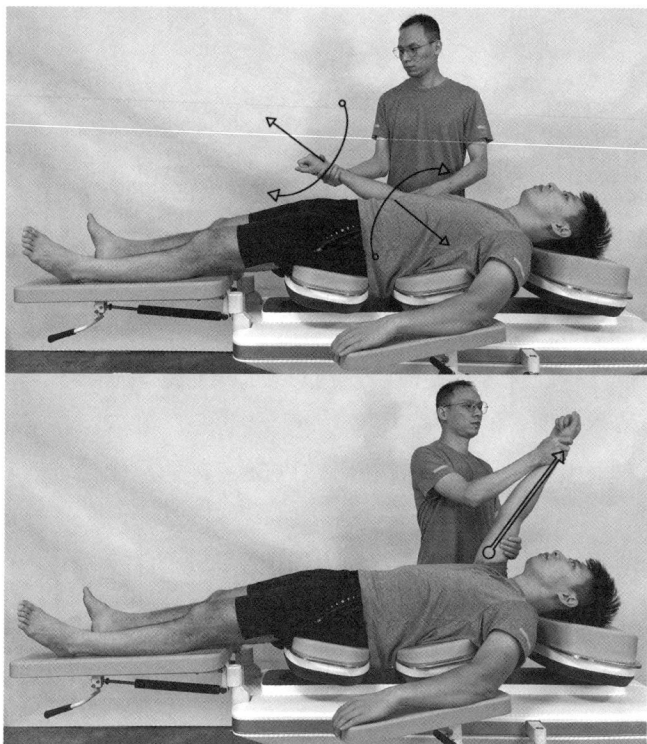

（1）静态手法。

①将力态康复床设置为骨盆后倾—胸腔屈曲—颅腔后弯模式。

②康复师站在受训者的右侧。

③康复师左手操作受训者右肩内侧做外旋，右手操作受训者右手腕外侧做内旋。

④康复师两手同时产生螺旋拮抗的力固定受训者的右手臂。

⑤康复师依靠自己的重心运动，将受训者的肩关节从肩屈曲调整到肩屈曲内旋的位置。

（2）动态手法。

①先做到静态手法。

②康复师依靠自己的重心运动，将受训者的肩关节反复地做从肩屈曲到肩屈曲内旋的运动。

（3）离心控制训练。

在康复师给受训者做肩屈曲内旋手法时，受训者主动用一部分力量收紧肌肉，拮抗这个动作。

4. 右肩屈曲外旋＋力态康复床骨盆后倾模式

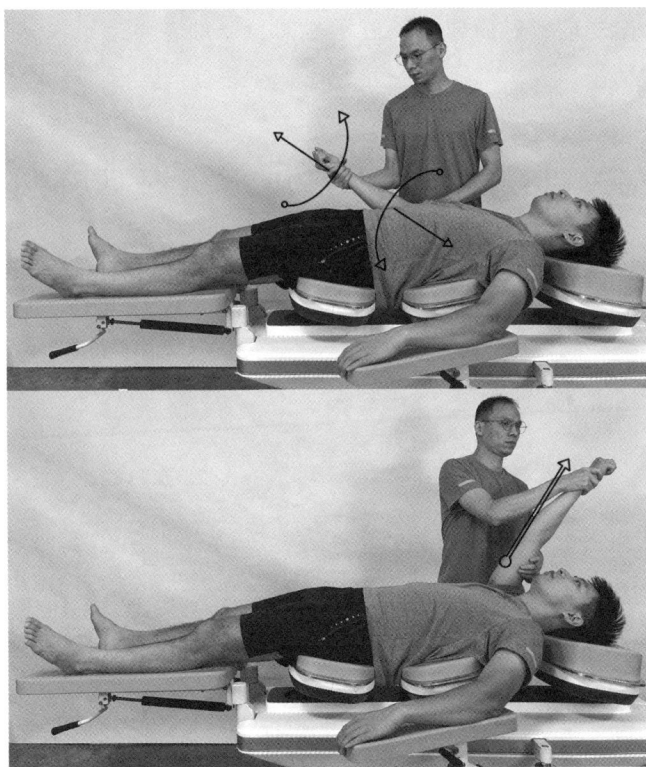

（1）静态手法。

①将力态康复床设置为骨盆后倾—胸腔屈曲—颅腔后弯模式。

②康复师站在受训者的右侧。

③康复师左手操作受训者右肩外侧做内旋，右手操作受训者右手腕内侧做外旋。

④康复师两手同时产生螺旋拮抗的力固定受训者的右手臂。

⑤康复师依靠自己的重心运动，将受训者的肩关节从肩屈曲调整到肩屈曲外旋的位置。

（2）动态手法。

①先做到静态手法。

②康复师依靠自己的重心运动，将受训者的肩关节反复地做从肩屈曲到肩屈曲外旋的运动。

（3）离心控制训练。

在康复师给受训者做肩屈曲外旋手法时，受训者主动用一部分力量收紧肌肉，拮抗这个动作。

5.4　矢状面髋部向心控制训练

1. 右髋屈曲同侧 + 力态康复床骨盆前倾模式

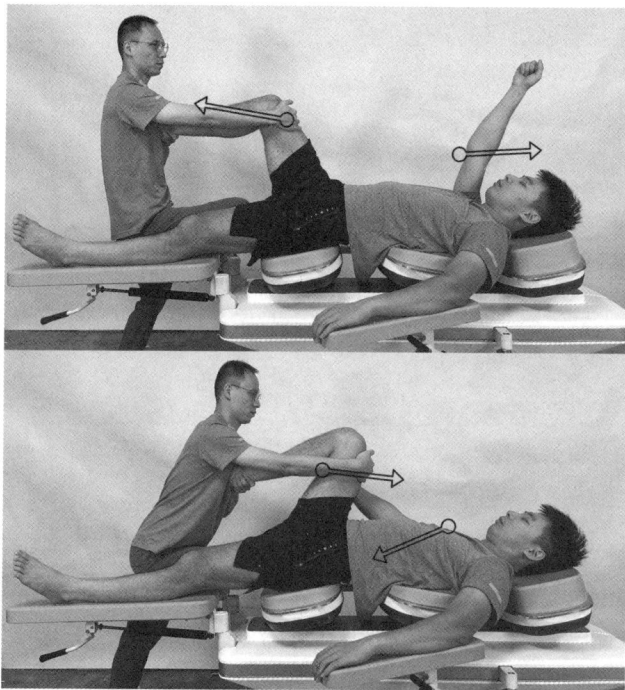

①将力态康复床设置为骨盆前倾—胸腔后弯—颅腔屈曲模式。

②康复师站在受训者的右侧。

③康复师右手放在受训者右大腿前侧给予一定的阻力。

④康复师左手放在受训者右脚踝外侧给予一定的支撑。

⑤受训者的右手臂处在肩屈曲姿势。

⑥受训者对抗康复师施加在右髋的阻力，将右髋关节从小幅度髋屈曲匀速运动到大幅度髋屈曲。

⑦受训者的右手臂从肩屈曲匀速运动到肩伸展。

2. 右髋屈曲对侧 + 力态康复床骨盆前倾模式

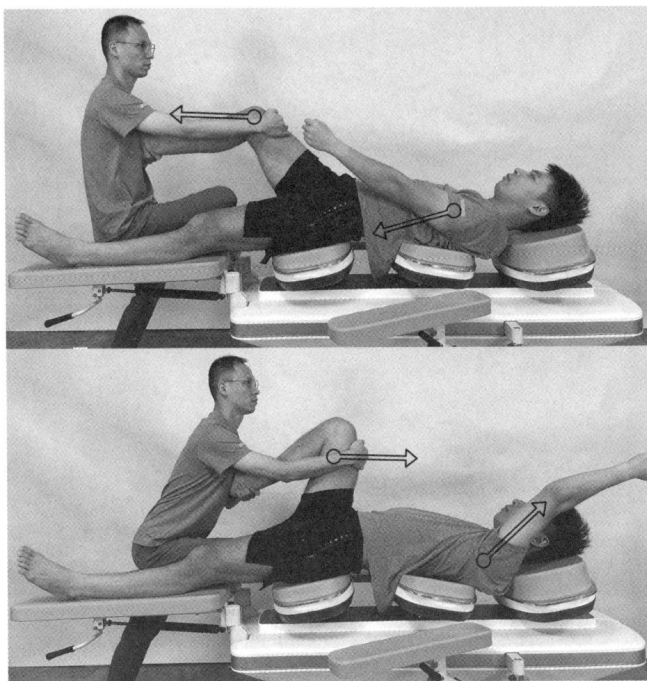

①将力态康复床设置为骨盆前倾—胸腔后弯—颅腔屈曲模式。

②康复师站在受训者的右侧。

③康复师右手放在受训者右大腿前侧给予一定的阻力。

④康复师左手放在受训者右脚踝外侧给予一定的支撑。

⑤受训者的左手臂处在肩伸展姿势。

⑥受训者对抗康复师施加在右髋的阻力，将右髋关节从小幅度髋屈曲匀速运动到大幅度髋屈曲。

⑦受训者的左手臂从肩伸展匀速运动到肩屈曲。

3. 右髋伸展同侧 + 力态康复床骨盆后倾模式

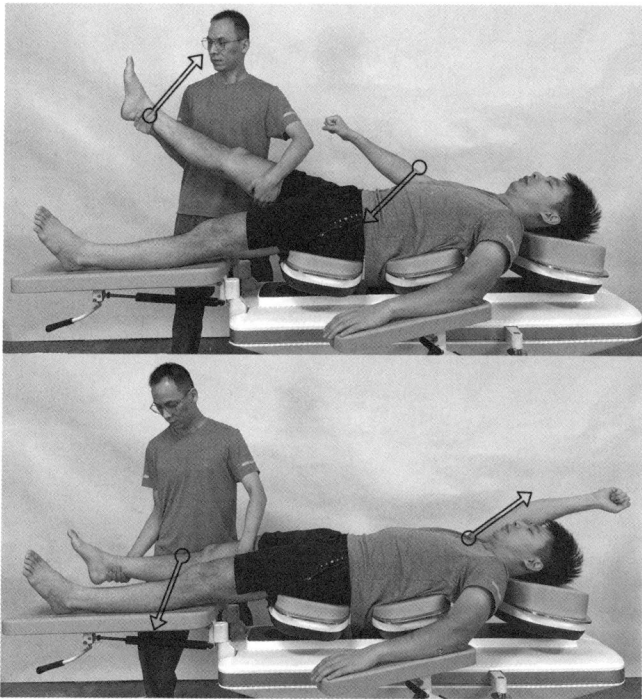

①将力态康复床设置为骨盆后倾—胸腔屈曲—颅腔后弯模式。

②康复师站在受训者的右侧。

③康复师右手放在受训者右脚踝后侧将右腿向上抬起。

④康复师左手拉着受训者右大腿后侧。

⑤受训者的右手臂处在肩伸展姿势。

⑥受训者对抗康复师施加在右髋的阻力，将右髋关节从髋屈曲匀速运动到髋

伸展。

⑦受训者的右手臂从肩伸展匀速运动到肩屈曲。

4. 右髋伸展对侧 + 力态康复床骨盆后倾模式

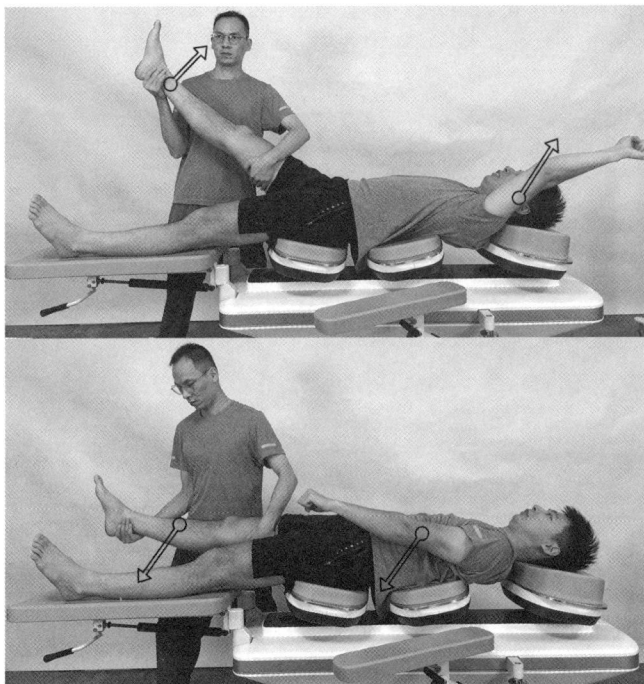

①将力态康复床设置为骨盆后倾—胸腔屈曲—颅腔后弯模式。

②康复师站在受训者的右侧。

③康复师右手放在受训者右脚踝后侧将右腿向上抬起。

④康复师左手拉着受训者右大腿后侧。

⑤受训者的左手臂处在肩屈曲姿势。

⑥受训者对抗康复师施加在右髋的阻力，将右髋关节从髋屈曲匀速运动到髋伸展。

⑦受训者的左手臂从肩屈曲匀速运动到肩伸展。

5.5　矢状面胸腔屈曲和后弯控制训练

1. 胸腔屈曲训练 + 力态康复床骨盆前倾模式

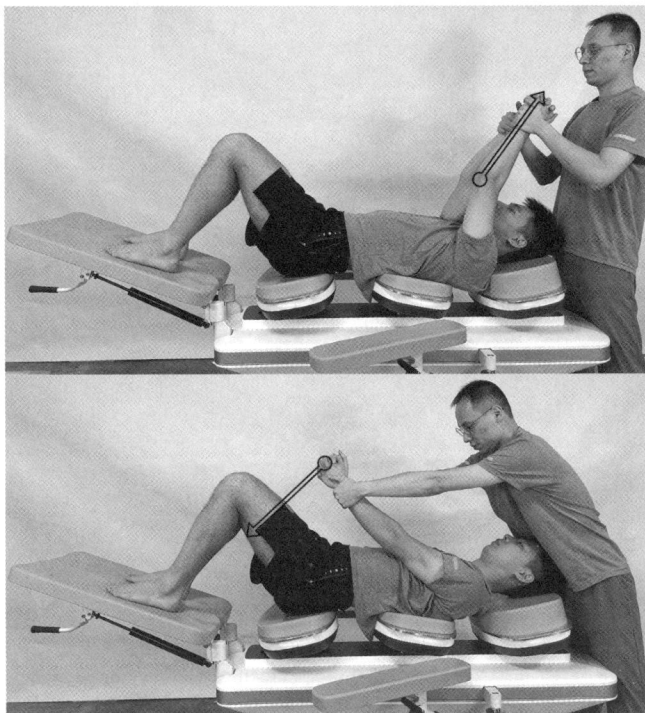

①将力态康复床设置为骨盆前倾—胸腔后弯—颅腔屈曲模式。

②康复师站在受训者的头部上方。

③康复师双手拉住受训者双手手腕。

④康复师双手向后向上拉。

⑤受训者双手向前向下推。

2. 胸腔后弯训练 + 力态康复床骨盆后倾模式

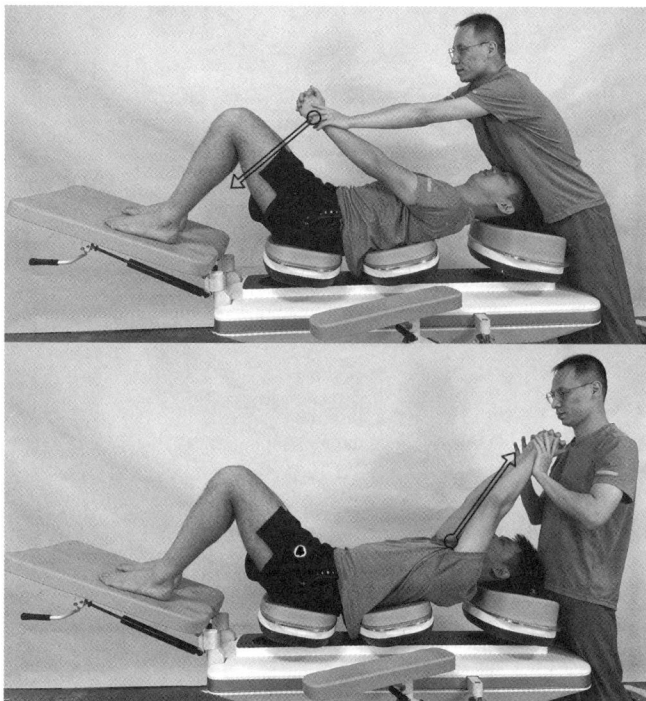

①将力态康复床设置为骨盆后倾—胸腔屈曲—颅腔后弯模式。
②康复师站在受训者的头部上方。
③康复师双手拉住受训者双手手腕。
④康复师双手向前向下推。
⑤受训者双手向后向上拉。

5.6 矢状面整体等长控制训练

1. 右髋屈曲同侧 + 力态康复床骨盆前倾模式

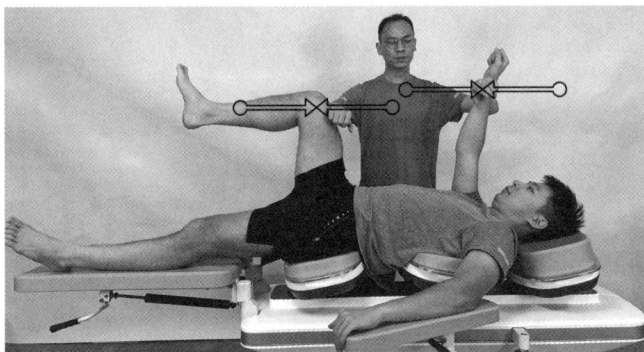

①将力态康复床设置为骨盆前倾—胸腔后弯—颅腔屈曲模式。

②康复师站在受训者的右侧。

③康复师右手固定住受训者右大腿前侧，左手固定住受训者右手腕内侧。

④受训者主动屈曲右髋，同时伸展右肩。

⑤康复师给予阻力，让受训者肢体在这个位置保持拮抗。

2. 右髋屈曲对侧 + 力态康复床骨盆前倾模式

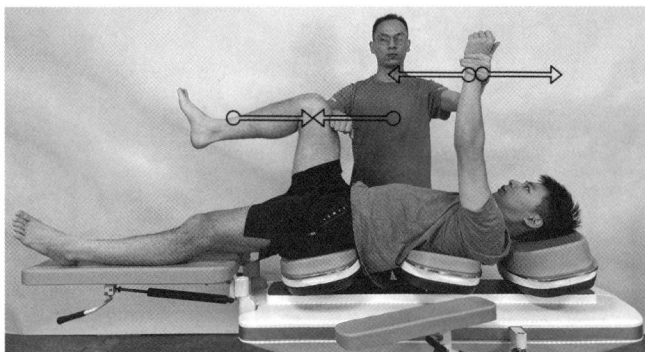

①将力态康复床设置为骨盆前倾—胸腔后弯—颅腔屈曲模式。
②康复师站在受训者的右侧。
③康复师右手固定住受训者右大腿前侧，左手固定住受训者左手腕外侧。
④受训者主动屈曲右髋，同时屈曲左肩。
⑤康复师给予阻力，让受训者肢体在这个位置保持拮抗。

3. 右髋伸展同侧 + 力态康复床骨盆后倾模式

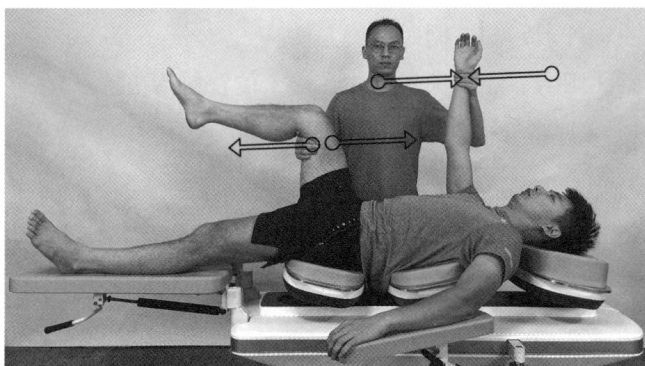

①将力态康复床设置为骨盆后倾—胸腔屈曲—颅腔后弯模式。

②康复师站在受训者的右侧。

③康复师右手固定住受训者右大腿后侧，左手固定住受训者右手腕外侧。

④受训者主动伸展右髋，同时屈曲右肩。

⑤康复师给予阻力，让受训者肢体在这个位置保持拮抗。

4. 右髋伸展对侧 + 力态康复床骨盆后倾模式

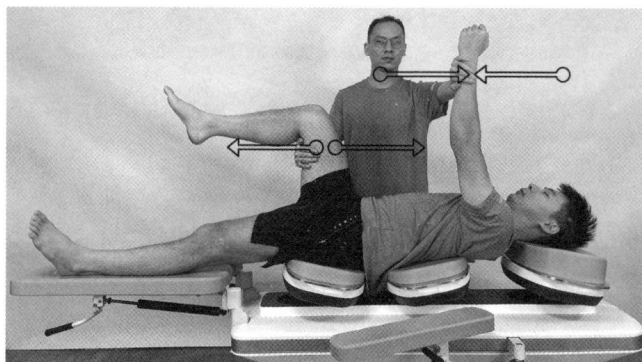

①将力态康复床设置为骨盆后倾—胸腔屈曲—颅腔后弯模式。

②康复师站在受训者的右侧。

③康复师右手固定住受训者右大腿后侧，左手固定住受训者左手腕内侧。

④受训者主动伸展右髋，同时伸展左肩。

⑤康复师给予阻力，让受训者肢体在这个位置保持拮抗。

6　深层放松手法

6.1　下肢放松手法

1. 下肢放松Ⅰ：内侧弧

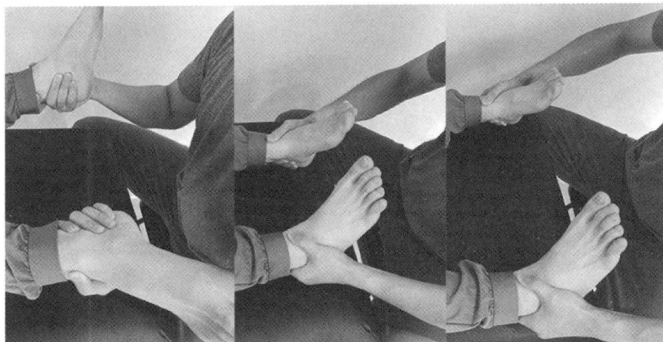

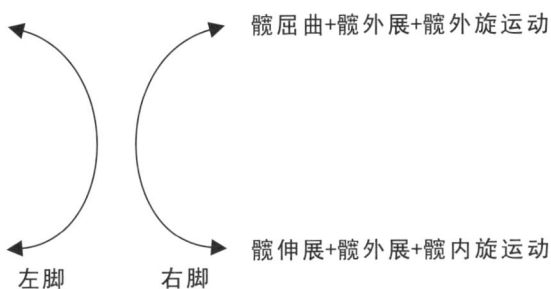

髋屈曲+髋外展+髋外旋运动

髋伸展+髋外展+髋内旋运动

左脚　右脚

①康复师双手托起受训者的双脚，将双脚略微往自己身体的方向拉动一些，这样可以很好作用于髋关节。

②将受训者的双腿做髋屈曲＋髋外展＋髋外旋运动。

③将受训者下肢从内侧划一个半圆形的弧，做髋伸展＋髋外展＋髋内旋

运动。

④反复做内侧弧运动。

2. 下肢放松Ⅱ：外侧弧

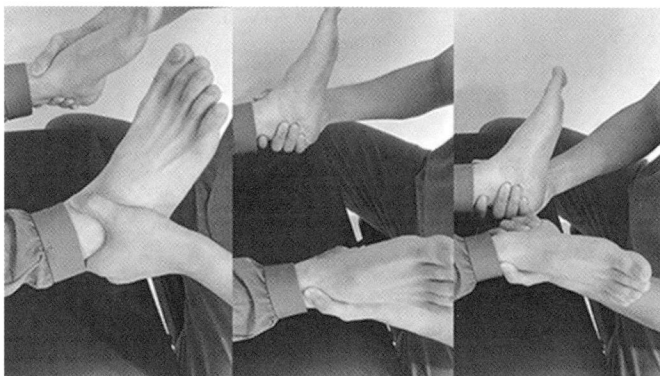

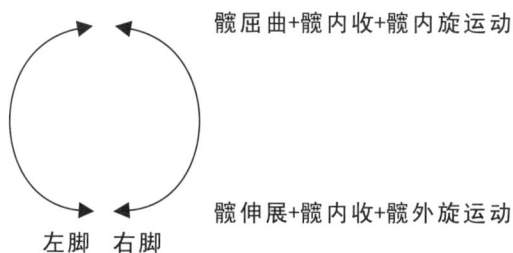

髋屈曲+髋内收+髋内旋运动

髋伸展+髋内收+髋外旋运动

左脚　右脚

①康复师双手托起受训者的双脚，将双脚略微往自己身体的方向拉动一些，这样可以很好作用于髋关节。

②将受训者的双腿做髋屈曲＋髋内收＋髋内旋运动。

③将受训者下肢从外侧划一个半圆形的弧，做髋伸展＋髋内收＋髋外旋运动。

④反复做外侧弧运动。

6.2　上肢放松手法

1.　上肢放松 I

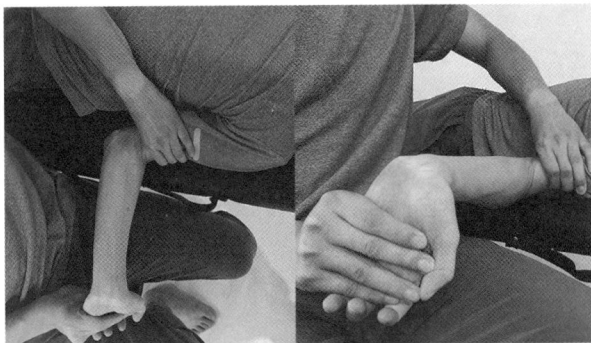

①康复师左手拉住受训者的左肩，做肩伸展 + 肩内收 + 肩外旋运动。

②康复师右手拉住受训者的左腕，做前臂旋后 + 腕伸展运动。

③康复师施加在受训者左肩和左腕关节的力要均衡柔和，这样受训者上肢才会感到放松、舒适，让受训者保持在舒适的姿势中。

2.　上肢放松 II

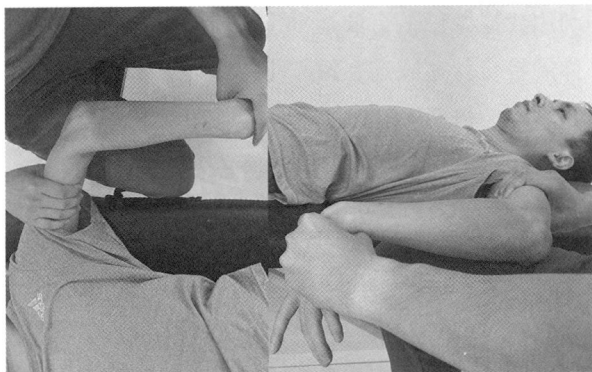

①康复师右手拉住受训者的左肩，做肩屈曲＋肩外展＋肩内旋运动。

②康复师左手拉住受训者的左腕，做前臂旋前＋腕屈曲运动。

③康复师施加在受训者左肩和左腕关节的力要均衡柔和，这样受训者上肢才会感到放松、舒适，让受训者保持在舒适的姿势中。

6.3　脊柱螺旋放松

1. 骨盆稳定准备

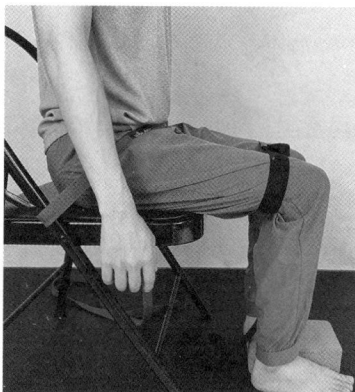

只有将骨盆固定，脊柱螺旋放松的效果才会更好。可先将下肢固定好，在整个调整的过程中利用代偿原理，下肢运动度减少，脊柱的活动度就会增加。

①利用瑜伽伸展带将骨盆固定在椅子上。

②双脚之间放一块瑜伽砖。

③膝关节上方绑一条瑜伽伸展带，膝关节与脚踝同宽。

2. 脊柱轴向伸展＋侧弯＋同侧旋转

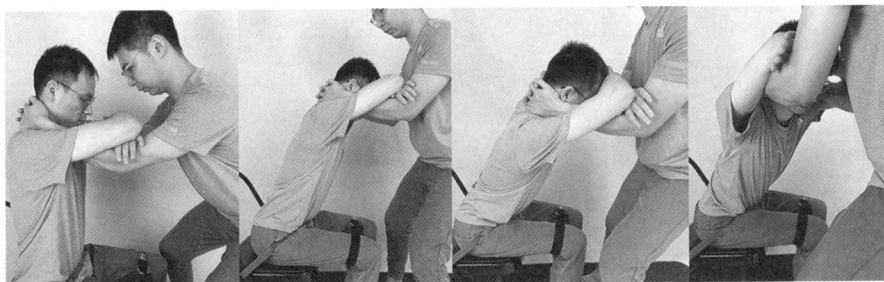

①康复师双手抱住受训者的颈椎后侧，双方手臂接触的位置要有一点拮抗的力，以便于固定住肩关节和颈椎。

②康复师重心向后移动，拉动受训者脊柱产生脊柱轴向的伸展。

③康复师重心向左移动，拉动受训者脊柱产生脊柱右侧弯。

④康复师重心向左旋转，拉动受训者脊柱产生脊柱右旋转。

⑤在脊柱轴向伸展＋右侧弯＋右旋转这个耦合的姿势中保持一会。

⑥根据③~⑤动作要求，进行反方向放松。

3. 脊柱轴向伸展＋侧弯＋对侧旋转

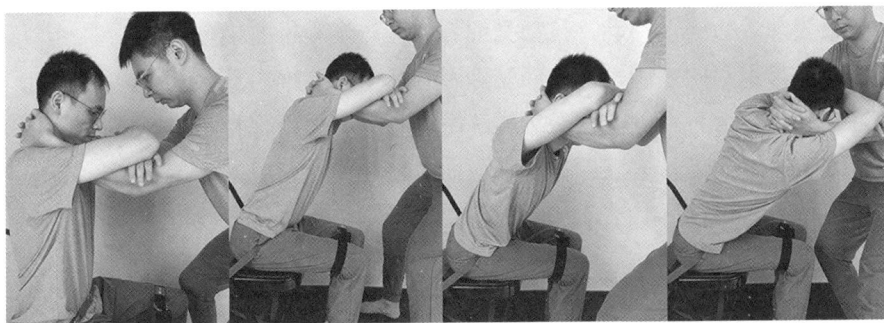

①康复师双手抱住受训者的颈椎后侧，双方手臂接触的位置要有一点拮抗的力，以便于固定住肩关节和颈椎。

②康复师重心向后移动，拉动受训者脊柱产生脊柱轴向的伸展。

③康复师重心向左移动，拉动受训者脊柱产生脊柱右侧弯。

④康复师重心向右旋转，拉动受训者脊柱产生脊柱左旋转。

⑤在脊柱轴向伸展＋右侧弯＋左旋转这个耦合的姿势中保持一会。

⑥根据③～⑤动作要求，进行反方向放松。

4. 胸椎后弯＋侧弯＋同侧旋转

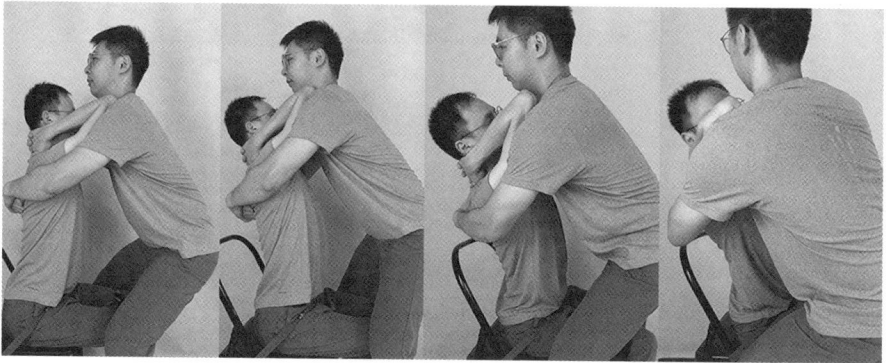

①康复师双手抱住受训者的胸椎后侧，双方手臂接触的位置要有一点拮抗的力，以便于固定住肩关节和颈椎。

②康复师重心向前移动，拉动受训者脊柱产生胸椎后弯。

③康复师重心向左移动，拉动受训者脊柱产生胸椎右侧弯。

④康复师重心向左旋转，拉动受训者脊柱产生胸椎右旋转。

⑤在胸椎后弯＋右侧弯＋右旋转这个耦合的姿势中保持一会。

⑥根据③～⑤动作要求，进行反方向放松。

5. 胸椎后弯 + 侧弯 + 对侧旋转

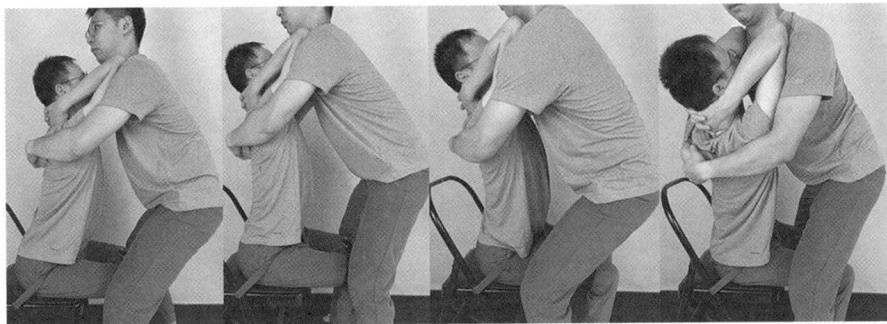

①康复师双手抱住受训者的胸椎后侧,双方手臂接触的位置要有一点拮抗的力,以便于固定住肩关节和颈椎。

②康复师重心向前移动,拉动受训者脊柱产生胸椎后弯。

③康复师重心向左移动,拉动受训者脊柱产生胸椎右侧弯。

④康复师重心向右旋转,拉动受训者脊柱产生胸椎左旋转。

⑤在胸椎后弯 + 右侧弯 + 左旋转这个耦合的姿势中保持一会。

⑥根据③ ~ ⑤动作要求,进行反方向放松。

6.4　颈椎螺旋放松

1. 胸腔稳定准备

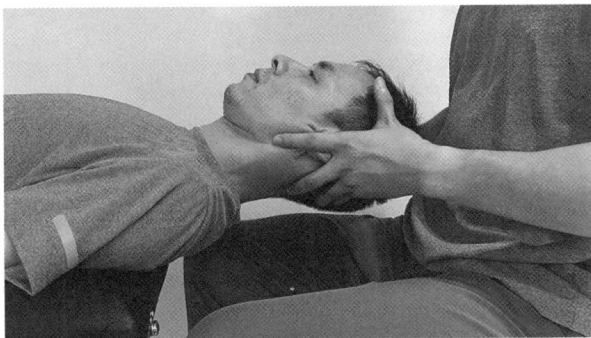

只有将胸腔固定，颈椎螺旋放松的效果才会更好。可先将胸腔固定好，在整个调整的过程中利用代偿原理，胸椎运动度减少，颈椎的活动度就会增加。

①受训者平躺在普通康复床上，胸腔上方包括头部离开康复床。

②康复师双手托住受训者的后脑。

2. 颈椎屈曲＋侧弯＋同侧旋转

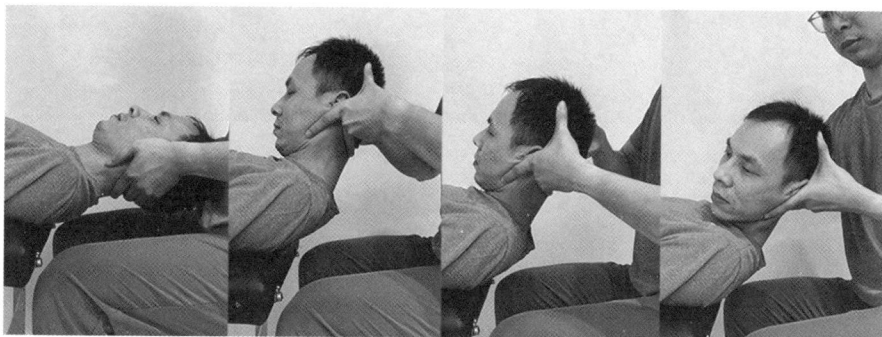

①康复师双手托住受训者的颈椎后侧。

②康复师双手向前向上带有弧度地移动，受训者产生颈椎屈曲姿势。

③康复师重心向右移动，受训者产生颈椎右侧弯姿势。

④康复师重心向右旋转，受训者产生颈椎右旋转姿势。

⑤在颈椎屈曲＋右侧弯＋右旋转这个耦合的姿势中保持一会。

⑥根据③～⑤动作要求，进行反方向放松。

3. 颈椎屈曲＋侧弯＋对侧旋转

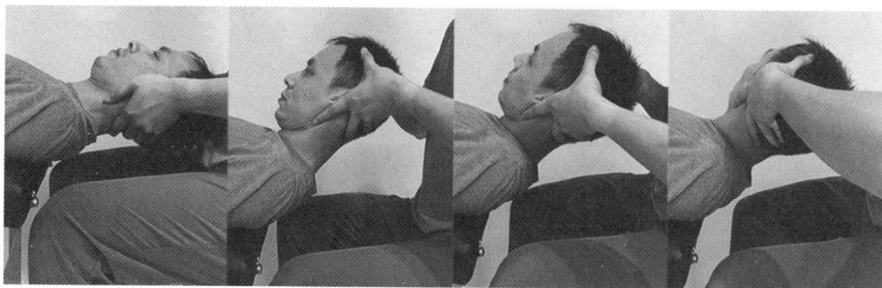

①康复师双手托住受训者的颈椎后侧。

②康复师双手向前向上带有弧度地移动，受训者产生颈椎屈曲姿势。

③康复师重心向右移动，受训者产生颈椎右侧弯姿势。

④康复师重心向左旋转，受训者产生颈椎左旋转姿势。

⑤在颈椎屈曲＋右侧弯＋左旋转这个耦合的姿势中保持一会。

⑥根据③～⑤动作要求，进行反方向放松。

4. 颈椎伸展＋侧弯＋同侧旋转

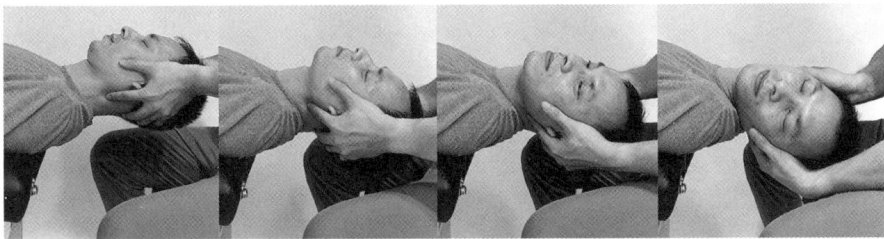

①康复师双手托住受训者的颈椎后侧。

②康复师双手向后向下带有弧度地移动，受训者产生颈椎伸展姿势。

③康复师重心向右移动，受训者产生颈椎右侧弯姿势。

④康复师重心向右旋转，受训者产生颈椎右旋转姿势。

⑤在颈椎伸展＋右侧弯＋右旋转这个耦合的姿势中保持一会。

⑥根据③～⑤动作要求，进行反方向放松。

5. 颈椎伸展＋侧弯＋对侧旋转

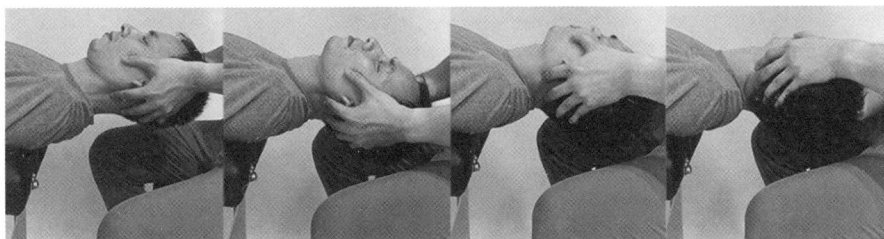

①康复师双手托住受训者的颈椎后侧。

②康复师双手向后向下带有弧度地移动，受训者产生颈椎伸展姿势。

③康复师重心向右移动，受训者产生颈椎右侧弯姿势。

④康复师重心向左旋转，受训者产生颈椎左旋转姿势。

⑤在颈椎伸展＋右侧弯＋左旋转这个耦合的姿势中保持一会。

⑥根据③～⑤动作要求，进行反方向放松。

7 评估

7.1 康复中的"望闻问切"

1. 看优先于治

有些人我们经常看到或者听说某动作或功法可以治疗很多疾病，而且在没有任何诊断的情况下，就开始像是打了鸡血一样训练，这是在没有科学指导的前提下对动作或功法的盲目崇拜，如果动作或功法是药的话，也需要对症下药才行，况且每个人都是特殊的个体。无论是中医还是西医，在治病时都有一个重要的阶段——诊断，只有通过诊断才知道后续需要做什么，因此说看优先于治。

2. 评估

过去的理疗行业没有评估这个模块，现代西医中的康复医学首先使用姿势评估，定义了很多姿势和动作的异常，就像是中医的"望闻问切"一样，在给每个患者治疗之前，都会先仔细观察他们的身体，再给出诊治方案。姿势评估在临床运用多年后，康复师根据异常的姿势和动作找到了诊治的规律，这对于康复来说是划时代的进步。

3. 评估让康复师和患者都受益

同一个动作未必适合每一个人，因此依据什么样的人适合什么样的动作，什么样的姿势和动作会造成疼痛，制定一套标准化的评估手段，通过评估指导康复训练，可为真正的康复运动和以后的科学运动奠定基础。当我们大部分人都掌握这个可以普及的知识的时候，一个动作包治百病或一种全世界最好的运动可以治疗各种疾病这样极端的无知言论，对人们的负面影响就会尽可能地减少。

4. 多种评估共存

评估方式有好多种，每一种评估方式的作用都是有限的，限于篇幅，本书中只是列举了力态评估和姿势评估及动作评估，在本书的最后两章则是力态手法及训练结合姿势评估和动作评估的应用。力态评估和姿势评估及动作评估能够很好地结合，在评估整体重心偏移的时候使用力态评估，在需要细节评估的时候使用姿势评估和动作评估。

7.2　一切源于观察

1. 评估的本质是观察

每一个康复师因为学习和工作经历不同，看问题的角度也会有所不同，但无论是从哪种角度看问题，观察都是一切的根本。

2. 建筑和窗

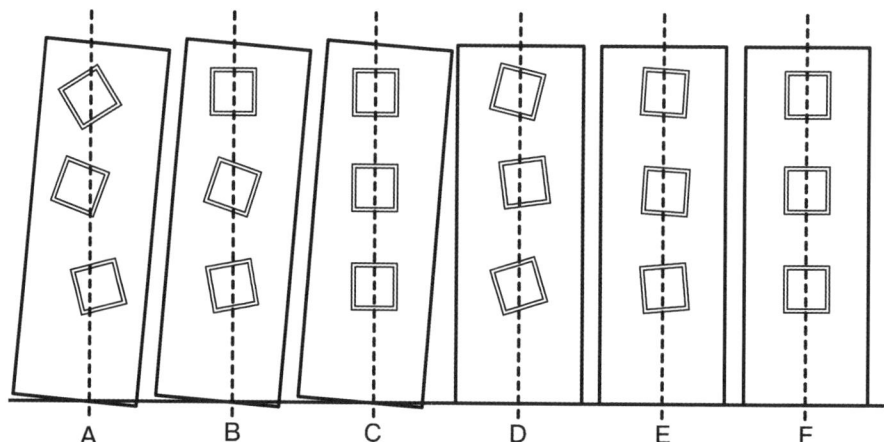

若把人体的整体看成是一个建筑，单独的关节或肌肉就是建筑的窗，人体整体和局部的关系就是建筑和窗的关系。

（1）A 建筑的整体是斜的，每个窗都呈不同的斜度。相当于一个人重心是歪的，每一个关节都因此产生偏移，这是一个糟糕的身体。

（2）B 建筑将某个局部的窗进行调整后，窗垂直于地面，但房子没有动还是斜的。相当于对某一偏移关节进行局部矫正，身体的整体重心还是斜的，这是一个非常差的身体。

（3）C 建筑将所有的窗都调整至垂直地面，但房子没有动还是斜的。相当于对所有偏移的关节都进行矫正，但身体的整体重心还是斜的，这是一个看上去不错但很容易出问题的身体。

（4）D 建筑将调整至垂直于地面，但窗还是斜的。相当于身体的整体重心已经垂直地面，但所有偏移的关节依然偏移，这是一个健康状态还不错的身体。

（5）E 建筑将整体调整至垂直于地面后，每个窗还稍微有点斜。相当于将身体整体重心进行了矫正，每个关节矫正后允许存在少量偏移，这是一个非常健康且宽容的身体。

（6）F 建筑和窗子都完美地垂直于地面。相当于将身体重心和关节都完全矫正，这种形体过于完美，一般不会现在正常人类中。

3. 整体关系和局部细节成反比

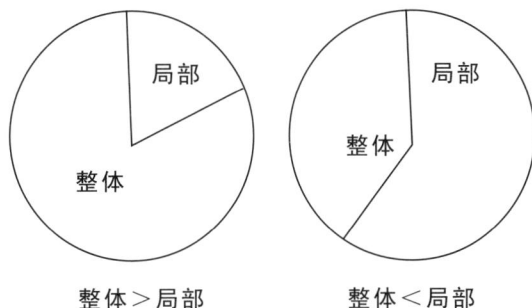

整体＞局部　　　　　　　整体＜局部

在《人体力态的维限与传导》① 一书中，我们可以看到在力态线中每个局部关节的滑轮之间的相互影响。每一姿势偏移都是一个局部滑轮的偏移，一个滑轮偏移会导致其他的滑轮也相应地产生偏移。如果单独对一个姿势偏移进行精细评估，评估数据看上去非常科学，但是对整体的影响却完全被忽略了。整体和局部

---

① 吴霖. 人体力态的维限与传导［M］. 广州：暨南大学出版社，2021.

之间是阴阳平衡关系，即整体关系越好局部细节越差，局部细节越好整体关系越差。一个优秀的康复师就像优秀的建筑师，会从整体开始着手，然后是细节，最终再恢复到整体。

7.3 模糊评估和精细评估

在评估的过程中，标准过于绝对会导致评估有误，比如，运用姿势评估，把每一个人按照绝对的标准来评估，说路人甲看上去是骨盆前倾，仅仅是因为他和标准骨盆中立位不一样，其实路人甲可能是臀部肌肉比较发达而已；而路人乙髋屈曲角度和标准角度不一样，可能是他的股骨和骨盆的位置和标准有差异罢了。路人甲、乙可能都不会因此出现任何疼痛症状和运动障碍。有差异并不能说明错位就一定有问题。每个人并非标准人的复制人，我们不能按照绝对的标准进行评估。

评估最大的好处是可以标准化和普及，负面作用是很容易陷入教条主义。如果一个康复师或者一个教练在与客户进行训练时，严格按照绝对的标准评估客户的每一个动作、姿势，很有可能认为客户全身都存在问题，从而产生过度治疗。因为康复师或教练在接受技能培训时，看到模特的中立姿势，会记下来，如果客户的中立姿势和之前学的不一样，就会误以为客户关节或肌肉一定存在问题。

1. 精细评估

笔者从业多年，一开始对精细评估非常推崇，当患者来看诊时，我会仔细地评估其身体每一个细节，比如骨盆前倾、肩胛骨前突、肱骨内旋、膝内翻、长短腿、高低肩、肩肱节律等，但这样精细评估下来，发现没有一个人是正常的，大家都存在或大或小的问题。后来，在实际工作中笔者逐渐发现，很多人即使看上去姿势有问题，但本身并没有不良症状，这使我对精细的姿势评估产生了怀疑——这样的精细评估无非把作为整体的人拆分成一个个零部件来看，拆分得越仔细，越难回归到整体。

2. 模糊评估

在对精细评估产生怀疑后，笔者就开始研究怎样进行模糊评估。基于大家都不是复制人，每个人身体都会和其他人有些不一样，即使身体真的有一点偏差，产生一些错误姿势，我们也可以容忍，前提是这一点偏差、错误并不足以影响整体，对个人生活也不会产生多大影响。允许出现个体差异的模糊评估，实际是从整体看问题，不局限在某一个关节或者肌肉，有时会比精细评估更重要。

7.4 三种评估的结合使用

1. 力态评估

力态评估的优点是，在整体评估中可以同时解决多个关节相互关联的问题，比如左膝关节疼痛—右腰疼痛—右颈椎疼痛，在评估中找到这些疼痛之间的关联，这非常适合在初次评估时使用。缺点是不适合做细节的评估，比如膝关节在哪个特定的角度会疼痛，或者是某个关节变形了。

2. 姿势评估

姿势评估的优点是，单独一个关节出现严重的姿势问题时，可以很快找到是哪些肌肉导致的。缺点是被评估者姿势偏移不明显时，康复师很容易陷入教条主义，比如某人看着姿势偏移了，却没有导致任何问题，其实可能是他天生与别人有点差别罢了。

3. 动作评估

动作评估的优点是，当出现严重的动作障碍时，可以很快找到是哪些肌肉导致的。缺点是被评估者运动障碍不明显时，康复师不容易做出正确判断。比如某人受过非常好的运动训练时，其运动障碍可能并不明显，但他确实是受伤了并感觉到明显的疼痛。

4. 整体和细节的结合

一个比较理想的状态是，康复师既有能把握整体又有能把握细节的评估能力。力态评估是整体的评估，姿势评估和动作评估是细节的评估。我们在做评估的时候，需要把这三种评估方式结合在一起，正确处理好整体和细节之间的关系。

8　力态评估和调整方法

8.1　习惯的模糊评估

1.　习惯重心偏移

每个人都会有很多自己的个人习惯，这些习惯集合在一起最终都有一个统一的表现，那就是重心偏移。力态评估就是针对习惯重心偏移的模糊评估，在评估的过程中可忽略肌肉、关节等细节而着重关注整体重心，尤其是关注日常的三种习惯重心—坐、卧、走是怎样的。

2.　最多的姿势或动作

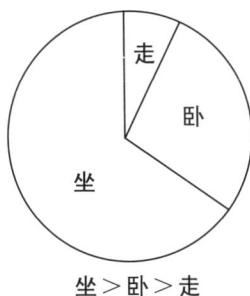

坐＞卧＞走

通常情况下，人类在一天24小时内要干很多事情，而每个国家、民族甚至每个人，各自的生活工作习惯都不一样，并且，这些事情都是变化的，很难具体以某一件事分析人体的整体习惯重心。我们姑且不考虑所有的具体事情，只考虑"坐—卧—走"这三件事，因为其他所有的事情都是在其基础上完成的。比如：坐着看书、躺着看电视、走路的时候听音乐等，无论做什么都是在这三种姿势的基础上进行的。现代都市人的坐姿时间或是人类有史以来最长的，从上图这样一个大致的比例关系中可看出其重要性。我们应该与时俱进，根据不同时代的习惯来制定适合当下人们生活节奏的评估方式和调整方法。

3. 惯用手

久坐时，大部分的下肢运动都受到了限制，那么习惯使用的上肢的运动会增多，长期下来，惯用上肢的习惯会导致胸腔在某个方向活动受限或某个方向活动过度。如胸腔向上会影响颅腔和上肢，向下则会影响骨盆和下肢，我们身体的整体重心会因此产生习惯偏移。

8.2　侧卧胸腔旋转评估

1. 以胸腔右旋受限为例

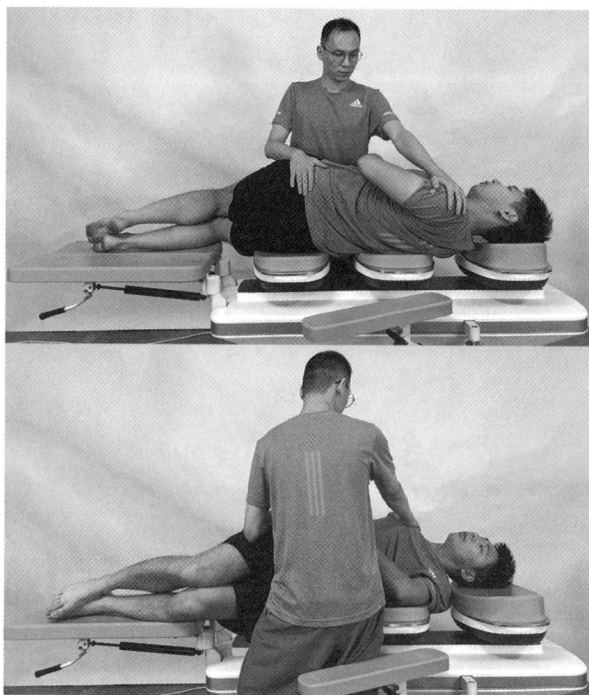

测试者侧卧，康复师一只手固定骨盆，另一只手使胸腔旋转，测试哪一边旋转时阻力会增大，胸腔旋转受到限制。比如当胸腔右侧旋转受限时，右髋外旋的滑轮组链都会受到限制，并且冠状面和矢状面也会受到限制，右髋内收相对受限，右髋伸展相对受限。根据前文介绍的力态滑轮组水平面—冠状面—矢状面看，如果右侧髋外旋—髋内收—髋伸展受限，反之，左侧就是髋内旋—髋外展—髋屈曲受限。

2．激活手法和离心控制训练

（1）右髋外旋＋力态康复床骨盆左旋模式。

（2）右髋内收＋力态康复床骨盆左倾模式。

（3）右髋伸展＋力态康复床骨盆后倾模式。

（4）左髋内旋＋力态康复床骨盆右旋模式。

（5）左髋外展＋力态康复床骨盆右倾模式。

（6）左髋屈曲＋力态康复床骨盆前倾模式。

（7）右肩内旋＋力态康复床骨盆左旋模式。

（8）右肩外展＋力态康复床骨盆左倾模式。

（9）右肩屈曲＋力态康复床骨盆后倾模式。

（10）左肩外旋＋力态康复床骨盆右旋模式。

（11）左肩内收＋力态康复床骨盆右倾模式。

（12）左肩伸展＋力态康复床骨盆前倾模式。

3．向心控制训练

（1）右髋外旋同侧/对侧＋力态康复床骨盆左旋模式。

（2）右髋内收同侧/对侧＋力态康复床骨盆左倾模式。

（3）右髋伸展同侧/对侧＋力态康复床骨盆后倾模式。

（4）左髋内旋同侧/对侧＋力态康复床骨盆右旋模式。

（5）左髋外展同侧/对侧＋力态康复床骨盆右倾模式。

（6）左髋屈曲同侧/对侧＋力态康复床骨盆前倾模式。

（7）右胸腔开放性旋转训练＋力态康复床骨盆前倾模式。

（8）右胸腔侧弯上抬训练＋力态康复床骨盆后倾模式。

4. 等长控制训练

（1）右髋外旋同侧/对侧＋力态康复床骨盆左旋模式。
（2）右髋内收同侧/对侧＋力态康复床骨盆左倾模式。
（3）右髋伸展同侧/对侧＋力态康复床骨盆后倾模式。
（4）左髋内旋同侧/对侧＋力态康复床骨盆右旋模式。
（5）左髋外展同侧/对侧＋力态康复床骨盆右倾模式。
（6）左髋屈曲同侧/对侧＋力态康复床骨盆前倾模式。

8.3　生活中的调整方法

1. 回到生活中

　　所有的康复都需要花费一定时间才能有好的效果。当一个人每周只有 2 小时做康复，其他时间仍保持旧姿势的话，是很难有好效果的。生活中的自我保健其实和康复一样重要。这里提供了"坐—卧—站"三种基本的调整方法，通过使用楔形垫片制造一个和日常坐姿、卧姿相反的重心变化。这样的调整既操作简便，又不会占用太多时间。

2. 以胸腔右旋受限为例

（1）坐的调整。

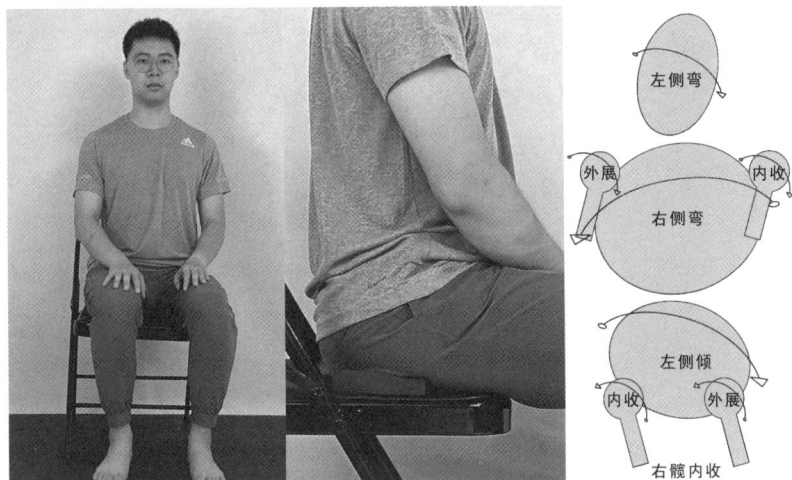

右侧骨盆使用楔形垫片垫高几分钟（如上图），即将生活中的整体重心做反向的调整（右髋内收—左髋外展），疼痛或运动障碍有望得到缓解。

（2）卧的调整。

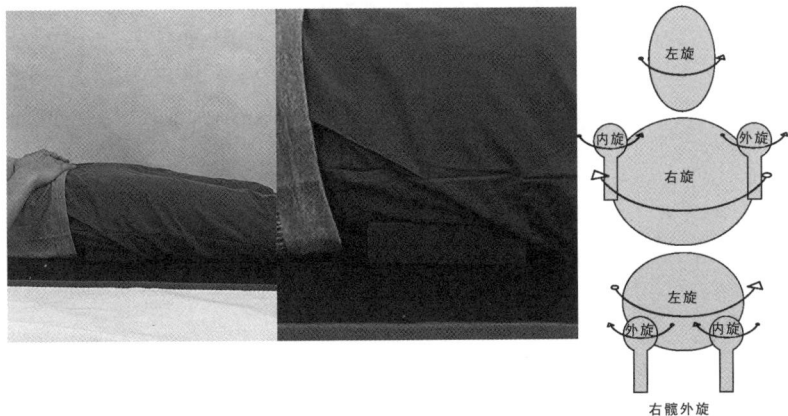

右侧骨盆使用楔形垫片垫高几分钟（如上图），即将生活中的整体重心做反

向的调整（右髋外旋—左髋内旋），疼痛或运动障碍有望得到缓解。

（3）站的调整。

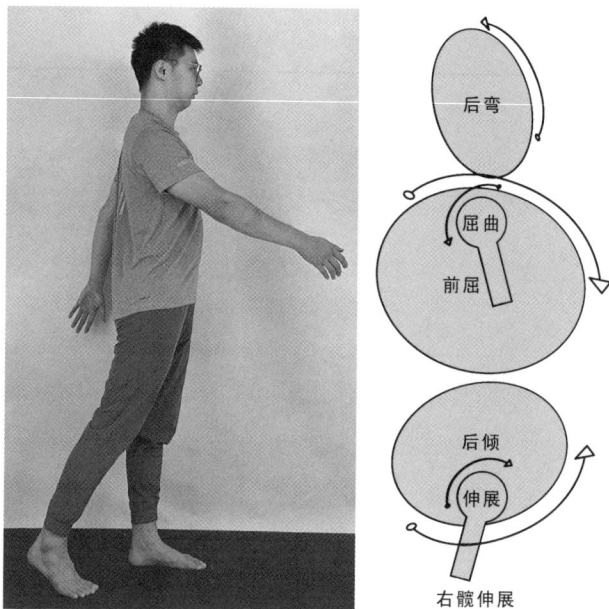

右髋伸展

右侧腿向后、右手向前（如上图），保持站立几分钟，即将生活中的整体重心做反向的调整（右髋伸展—左髋屈曲），疼痛或运动障碍有望得到缓解。

9 姿势评估和调整方法

9.1 矢状面评估

1. 矢状面姿势偏移

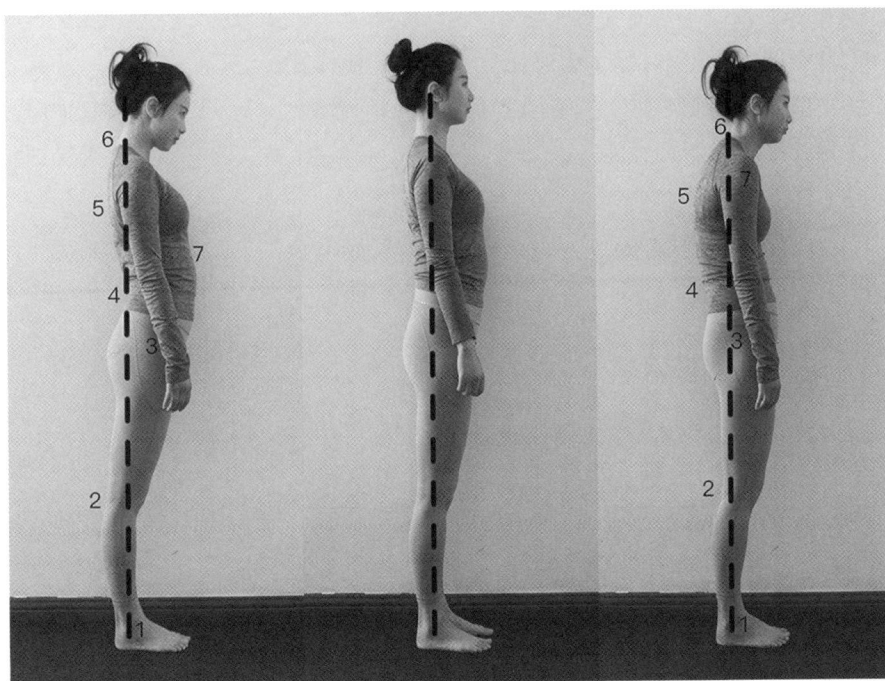

（1）中间图身体重心在中立位置。

（2）左图身体重心靠前，1 足跖屈—2 膝超伸—3 骨盆前倾—4 腰椎曲度过大—5 胸椎曲度过小—6 颈椎曲度过大—7 肋骨外翻，这几种姿势偏移都包含在其中，且相互影响。

（3）右图身体重心靠后，1 足背屈—2 膝屈曲—3 骨盆后倾—4 腰椎曲度过小—5 胸椎曲度过大—6 颈椎曲度过小—7 圆肩，这几种姿势偏移都包含在其中，且相互影响。

2．左图的调整方法

（1）激活手法和离心控制训练：

①右髋伸展 + 力态康复床骨盆后倾模式；

②左髋伸展 + 力态康复床骨盆后倾模式；

③右肩屈曲 + 力态康复床骨盆后倾模式；

④左肩屈曲 + 力态康复床骨盆后倾模式。

（2）向心控制训练：

①右髋伸展同侧/对侧 + 力态康复床骨盆后倾模式；

②左髋伸展同侧/对侧 + 力态康复床骨盆后倾模式；

③胸腔屈曲控制训练 + 力态康复床骨盆前倾模式。

（3）等长控制训练：

①右髋伸展同侧/对侧 + 力态康复床骨盆后倾模式；

②左髋伸展同侧/对侧 + 力态康复床骨盆后倾模式。

3．右图的调整方法

（1）激活手法和离心控制训练：

①右髋屈曲 + 力态康复床骨盆前倾模式；

②左髋屈曲 + 力态康复床骨盆前倾模式；

③右肩伸展 + 力态康复床骨盆前倾模式；

④左肩伸展 + 力态康复床骨盆前倾模式。

（2）向心控制训练：

①右髋屈曲同侧/对侧 + 力态康复床骨盆前倾模式；

②左髋屈曲同侧/对侧 + 力态康复床骨盆前倾模式；

③胸腔伸展训练 + 力态康复床骨盆后倾模式。

（3）等长控制训练：

①右髋屈曲同侧/对侧 + 力态康复床骨盆前倾模式；

②左髋屈曲同侧/对侧＋力态康复床骨盆前倾模式。

9.2　冠状面和水平面评估 I

1. 内收偏移的两种模式

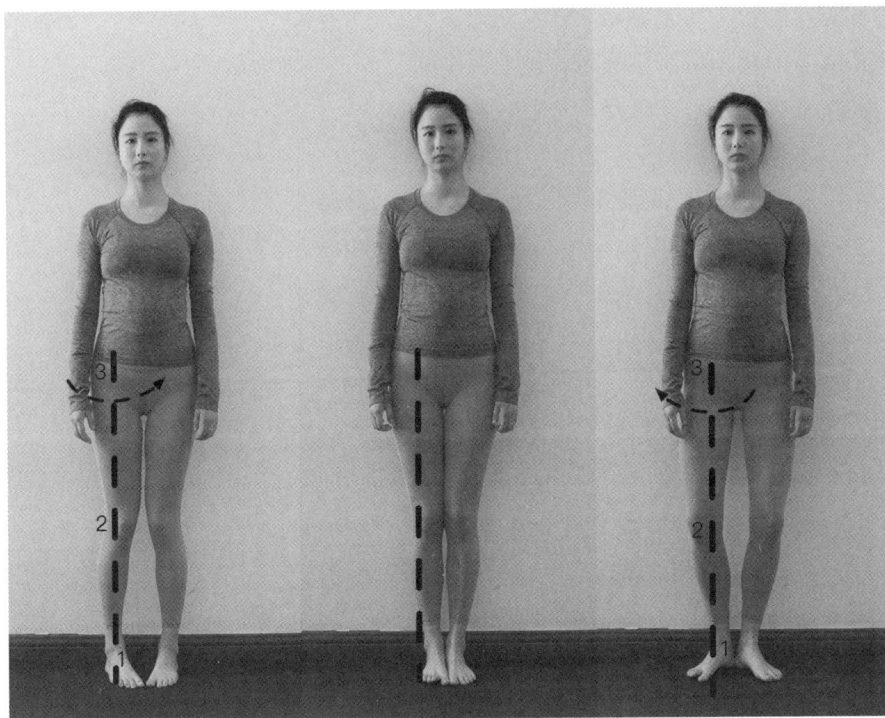

（1）中间图是髋内收偏移的基本模式。

（2）左图是髋内收和髋内旋偏移的复合模式：1 内八字脚—2 膝内翻—3 髋内收髋内旋，这几种姿势偏移都包含在其中，且相互影响。

（3）右图是髋内收和髋外旋偏移的复合模式：1 外八字脚—2 膝外翻—3 髋内收髋外旋，这几种姿势偏移都包含在其中，且相互影响。

2. 左图髋内收髋内旋的调整方法

（1）激活手法和离心控制训练：

①右髋外展 + 力态康复床骨盆右倾模式；

②左髋外展 + 力态康复床骨盆左倾模式；

③右髋外旋 + 力态康复床骨盆左旋模式；

④左髋外旋 + 力态康复床骨盆右旋模式；

⑤右肩内收 + 力态康复床骨盆右倾模式；

⑥左肩内收 + 力态康复床骨盆左倾模式；

⑦右肩内旋 + 力态康复床骨盆左旋模式；

⑧左肩内旋 + 力态康复床骨盆右旋模式。

（2）向心控制训练：

①右髋外展同侧/对侧 + 力态康复床骨盆右倾模式；

②左髋外展同侧/对侧 + 力态康复床骨盆左倾模式；

③右髋外旋同侧/对侧 + 力态康复床骨盆左旋模式；

④左髋外旋同侧/对侧 + 力态康复床骨盆右旋模式；

⑤胸腔侧弯上抬训练 + 力态康复床骨盆后倾模式；

⑥胸腔开放性旋转训练 + 力态康复床骨盆前倾模式。

（3）等长控制训练：

①右髋外展同侧/对侧 + 力态康复床骨盆右倾模式；

②左髋外展同侧/对侧 + 力态康复床骨盆左倾模式；

③右髋外旋同侧/对侧 + 力态康复床骨盆左旋模式；

④左髋外旋同侧/对侧 + 力态康复床骨盆右旋模式。

3. 右图髋内收髋外旋的调整方法

（1）激活手法和离心控制训练：

①右髋外展 + 力态康复床骨盆右倾模式；

②左髋外展 + 力态康复床骨盆左倾模式；

③右髋内旋 + 力态康复床骨盆右旋模式；

④左髋内旋 + 力态康复床骨盆左旋模式；

⑤右肩内收＋力态康复床骨盆右倾模式；

⑥左肩内收＋力态康复床骨盆左倾模式；

⑦右肩外旋＋力态康复床骨盆右旋模式；

⑧左肩外旋＋力态康复床骨盆左旋模式。

（2）向心控制训练：

①右髋外展同侧/对侧＋力态康复床骨盆右倾模式；

②左髋外展同侧/对侧＋力态康复床骨盆左倾模式；

③右髋内旋同侧/对侧＋力态康复床骨盆右旋模式；

④左髋内旋同侧/对侧＋力态康复床骨盆左旋模式；

⑤胸腔侧弯上抬训练＋力态康复床骨盆后倾模式；

⑥胸腔闭合性旋转训练＋力态康复床骨盆前倾模式。

（3）等长控制训练：

①右髋外展同侧/外侧＋力态康复床骨盆右倾模式；

②左髋外展同侧/外侧＋力态康复床骨盆左倾模式；

③右髋内旋同侧/外侧＋力态康复床骨盆左旋模式；

④左髋内旋同侧/外侧＋力态康复床骨盆右旋模式。

9.3 冠状面和水平面评估 II

1. 外展偏移的两种模式

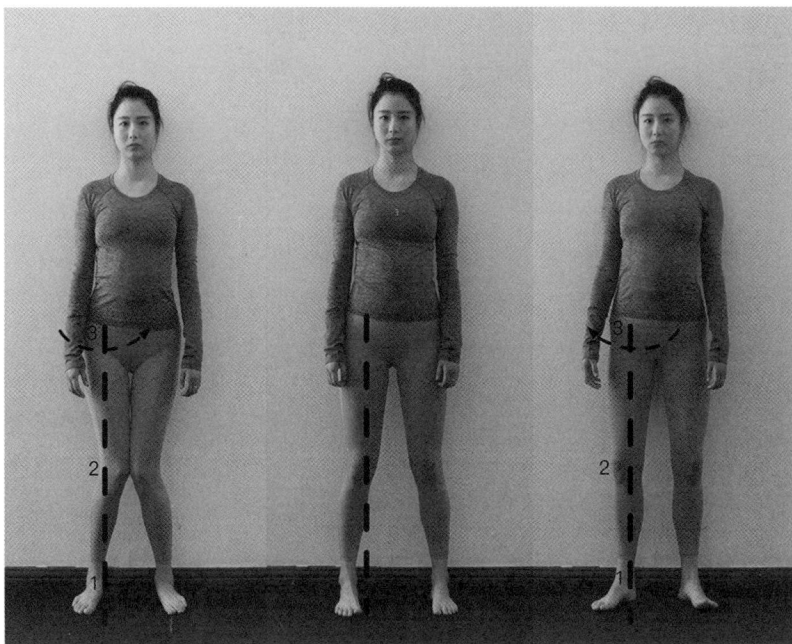

（1）中间图是髋外展偏移的基本模式。

（2）左图是髋外展和髋内旋偏移的复合模式：1 外八字脚—2 膝内翻—3 髋外展髋内旋，这几种姿势偏移都包含在其中，且相互影响。

（3）右图是髋外展和髋外旋偏移的复合模式：1 外八字脚—2 膝外翻—3 髋外展髋外旋，这几种姿势偏移都包含在其中，且相互影响。

2. 左图髋外展髋内旋的调整方法

（1）激活手法和离心控制训练：

①右髋内收 + 力态康复床骨盆左倾模式；

②左髋内收 + 力态康复床骨盆右倾模式；

③右髋外旋 + 力态康复床骨盆左旋模式；

④左髋外旋 + 力态康复床骨盆右旋模式；

⑤右肩外展 + 力态康复床骨盆左倾模式；

⑥左肩外展 + 力态康复床骨盆右倾模式；

⑦右肩内旋 + 力态康复床骨盆左旋模式；

⑧左肩内旋 + 力态康复床骨盆右旋模式。

（2）向心控制训练：

①右髋内收同侧/对侧 + 力态康复床骨盆左倾模式；

②左髋内收同侧/对侧 + 力态康复床骨盆右倾模式；

③右髋外旋同侧/对侧 + 力态康复床骨盆左旋模式；

④左髋外旋同侧/对侧 + 力态康复床骨盆右旋模式；

⑤胸腔侧弯下压训练 + 力态康复床骨盆前倾模式；

⑥胸腔开放性旋转训练 + 力态康复床骨盆前倾模式。

（3）等长控制训练：

①右髋内收同侧 + 力态康复床骨盆左倾模式；

②右髋内收对侧 + 力态康复床骨盆左倾模式；

③右髋外旋同侧 + 力态康复床骨盆左旋模式；

④右髋外旋对侧 + 力态康复床骨盆左旋模式。

3. 右图髋外展髋外旋的调整方法

（1）激活手法和离心控制训练：

①右髋内收 + 力态康复床骨盆左倾模式；

②左髋内收 + 力态康复床骨盆右倾模式；

③右髋内旋 + 力态康复床骨盆右旋模式；

④左髋内旋 + 力态康复床骨盆左旋模式；

⑤右肩外展＋力态康复床骨盆左倾模式；

⑥左肩外展＋力态康复床骨盆右倾模式；

⑦右肩外旋＋力态康复床骨盆右旋模式；

⑧左肩外旋＋力态康复床骨盆左旋模式。

（2）向心控制训练：

①右髋内收同侧/对侧＋力态康复床骨盆左倾模式；

②左髋内收同侧/对侧＋力态康复床骨盆右倾模式；

③右髋内旋同侧/对侧＋力态康复床骨盆右旋模式；

④左髋内旋同侧/对侧＋力态康复床骨盆左旋模式；

⑤胸腔侧弯下压训练＋力态康复床骨盆前倾模式；

⑥胸腔闭合性旋转训练＋力态康复床骨盆前倾模式。

（3）等长控制训练：

①右髋内收同侧＋力态康复床骨盆左倾模式；

②右髋内收对侧＋力态康复床骨盆左倾模式；

③右髋内旋同侧＋力态康复床骨盆右旋模式；

④右髋内旋对侧＋力态康复床骨盆右旋模式。

10 动作评估和调整方法

10.1 髋屈曲和髋伸展

1. 自由的髋屈曲和髋伸展转换

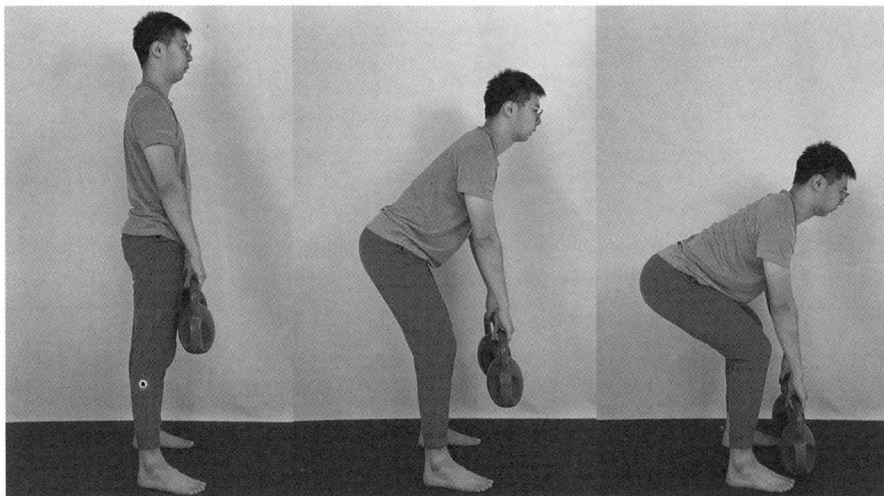

上图从左到右是一个连贯的硬拉动作，这个动作是靠髋屈曲和髋伸展完成的。只有人类能够自由地转换髋屈曲和髋伸展动作，其他哺乳动物是没有办法这样自如切换的，这是人类直立行走的一个重大特点。论重要性，在直立行走中，髋关节的灵活性比挺起胸膛重要得多，绝大部分人站不直以为是背伸不直，其实是髋伸展不够。这个特点可以在生活中绝大部分场景中表现出来，比如健身动作硬拉，蹲下拿东西再站起来，坐下到站立，站立到坐下，从床上下地站起来，回到床躺下，等等。

2. 评估髋屈曲和髋伸展

下图是站立—髋屈曲—站立动作的评估，这个动作模式出现障碍容易导致膝关节、髋关节、腰椎疼痛。髋屈曲和髋伸展的正常模式主要是靠髋关节完成，实际上，异常的动作代偿模式有很多种，本书中只列了其中几种。而无论是哪种代偿模式，都是髋屈曲和髋伸展动作异常造成的，只是有人表现出一种代偿，有人表现出另外一种代偿，只要解决了髋屈曲和髋伸展的异常问题，其代偿问题就相应地解决了。

（1）正常模式。

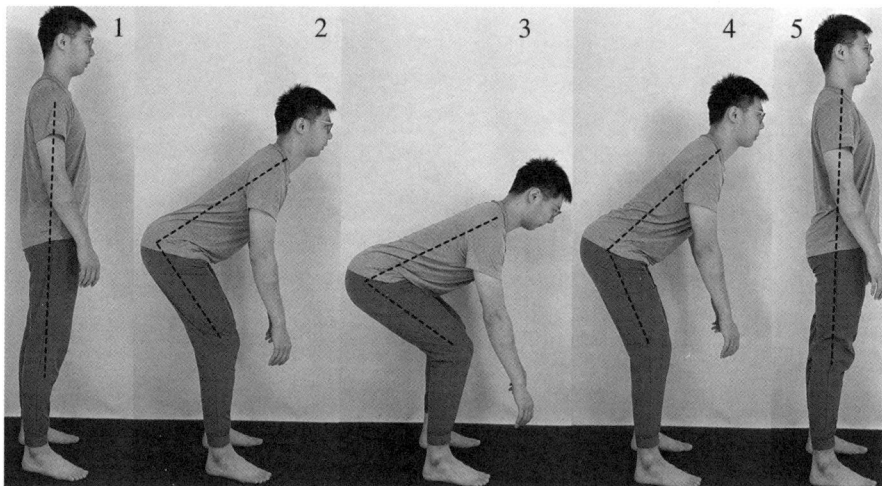

上图中，1~3是从站立（髋伸展）到髋屈曲的正常动作，3~5是从髋屈曲到站立（髋伸展）的正常动作，都是以髋关节为驱动，膝关节被髋关节带动，脊柱保持中立。

（2）胸椎代偿模式。

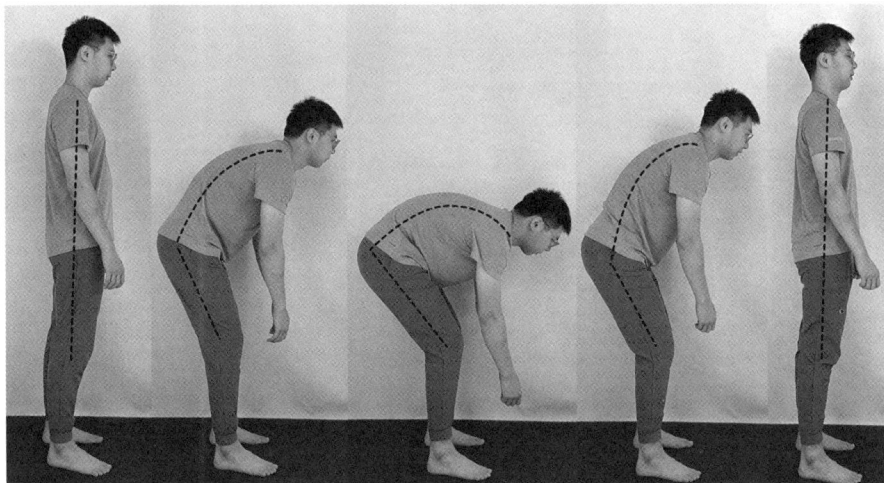

上图中，髋关节的运动功能不足，在动作中胸椎的运动幅度比较大，髋关节的运动被胸椎运动代偿。当髋关节的运动功能足够时，胸椎运动代偿会相应减少。

（3）腰椎代偿模式。

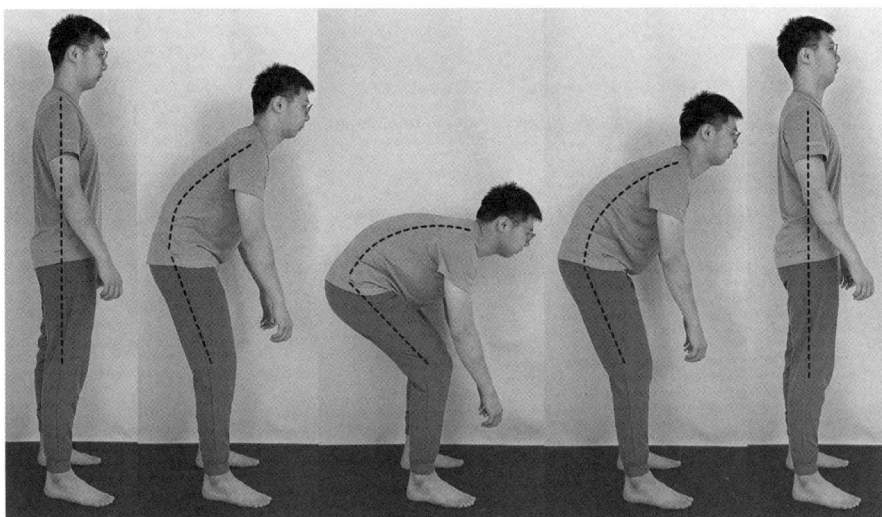

上图中，髋关节的运动功能不足，在动作中腰椎的运动幅度比较大，髋关节的运动被腰椎运动代偿。当髋关节的运动功能足够时，腰椎运动代偿会相应减少。

3. 从直立到髋屈曲的调整方法

当直立—髋屈曲动作出现运动障碍或者疼痛时，可采用以下手法和训练来调整。

（1）激活手法和离心控制训练：

①右髋屈曲 + 力态康复床骨盆前倾模式；

②左髋屈曲 + 力态康复床骨盆前倾模式。

（2）向心控制训练：

①右髋屈曲同侧/对侧 + 力态康复床骨盆前倾模式；

②左髋屈曲同侧/对侧 + 力态康复床骨盆前倾模式。

（3）等长控制训练：

①右髋屈曲同侧/对侧 + 力态康复床骨盆前倾模式；

②左髋屈曲同侧/对侧 + 力态康复床骨盆前倾模式。

4. 从髋屈曲到直立的调整方法

当髋屈曲—直立动作出现运动障碍或者疼痛时，可采用以下手法和训练来调整。

（1）激活手法和离心控制训练：

①右髋伸展 + 力态康复床骨盆后倾模式；

②左髋伸展 + 力态康复床骨盆后倾模式。

（2）向心控制训练：

①右髋伸展同侧/对侧 + 力态康复床骨盆后倾模式；

②左髋伸展同侧/对侧 + 力态康复床骨盆后倾模式。

（3）等长控制训练：

①右髋伸展同侧/对侧 + 力态康复床骨盆后倾模式；

②左髋伸展同侧/对侧 + 力态康复床骨盆后倾模式。

10.2　蹲下去和站起来

1.　评估蹲—站侧面

　　所有完全蹲下来的动作对我们下肢踝—膝—髋关节的协调性和力量性要求非常高。这个动作模式出现障碍非常容易导致膝关节和腰椎的疼痛。蹲—站/站—蹲的正常模式主要靠髋关节完成，实际上，异常的动作有很多种代偿模式，本书中只列了其中几种。而无论是哪种代偿模式，都是蹲—站/站—蹲动作异常造成的，只是有人表现出一种代偿，有人表现出另外一种代偿，只要解决了蹲—站/站—蹲的异常问题，其代偿问题就相应地解决了。

　　（1）正常模式。

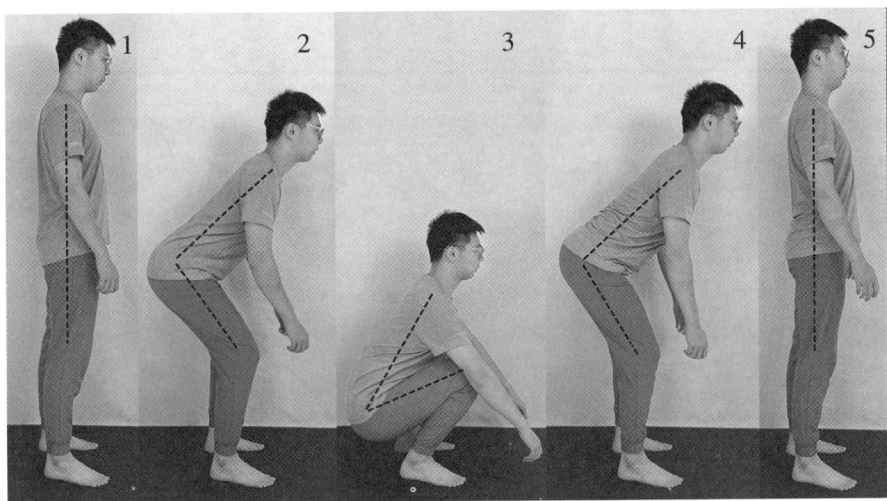

　　上图中，1～3是从站立到完全蹲下去的正常动作，3～5是从完全蹲着到站立的正常动作，踝—膝—髋关节是联动的，脊柱保持相对中立。

（2）腰椎代偿模式。

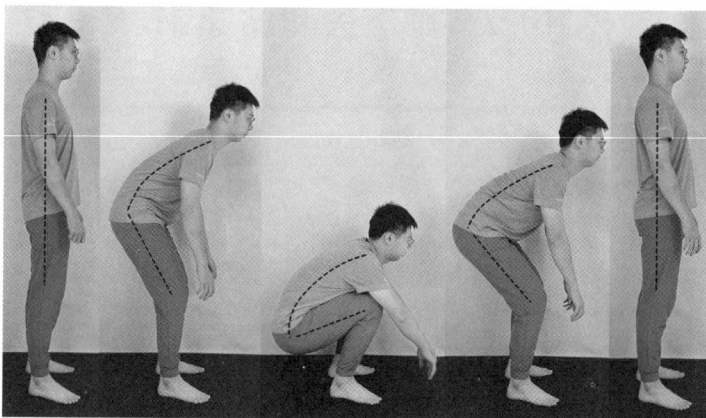

上图中，足—膝—髋关节的运动功能不足，在动作中腰椎的运动幅度比较大，足—膝—髋关节的运动被腰椎运动代偿。当足—膝—髋关节的运动功能足够时，腰椎运动代偿会相应减少。

（3）膝关节代偿模式。

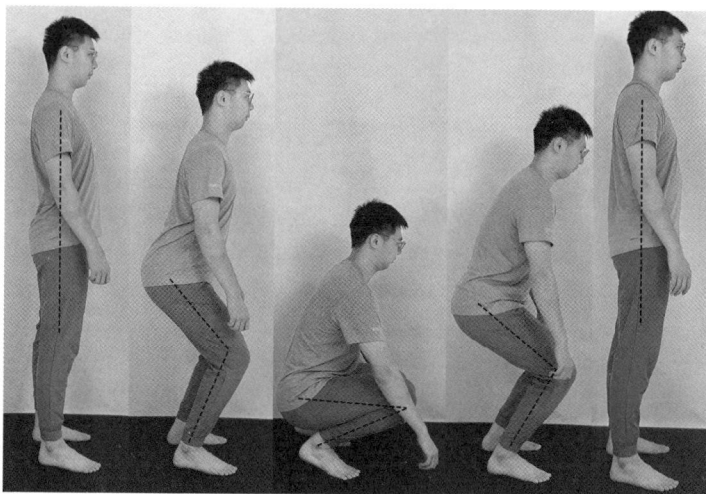

上图中，足—髋关节运动功能不足，在动作中膝关节的运动幅度比较大，足—髋关节的运动被膝关节运动代偿。当足—髋关节的运动功能足够时，膝关节

运动代偿会相应减少。

2. 从站立到蹲下的调整方法

当站立—蹲下动作出现运动障碍或者疼痛时，可采用以下手法和训练来调整。

（1）激活手法和离心控制训练：

①右髋屈曲＋力态康复床骨盆前倾模式；

②左髋屈曲＋力态康复床骨盆前倾模式。

（2）向心控制训练：

①右髋屈曲同侧/对侧＋力态康复床骨盆前倾模式；

②左髋屈曲同侧/对侧＋力态康复床骨盆前倾模式。

（3）等长控制训练：

①右髋屈曲同侧/对侧＋力态康复床骨盆前倾模式；

②左髋屈曲同侧/对侧＋力态康复床骨盆前倾模式。

3. 从蹲下到站立的调整方法

当蹲下—站立动作出现运动障碍或者疼痛时，可采用以下手法和训练来调整。

（1）激活手法和离心控制训练：

①右髋伸展＋力态康复床骨盆后倾模式；

②左髋伸展＋力态康复床骨盆后倾模式。

（2）向心控制训练：

①右髋伸展同侧/对侧＋力态康复床骨盆后倾模式；

②左髋伸展同侧/对侧＋力态康复床骨盆后倾模式。

（3）等长控制训练：

①右髋伸展同侧/对侧＋力态康复床骨盆后倾模式；

②左髋伸展同侧/对侧＋力态康复床骨盆后倾模式。

4. 评估蹲—站水平面

（1）髋外旋代偿模式。

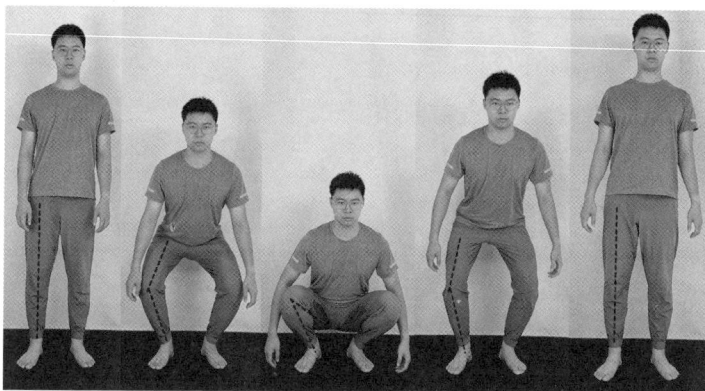

上图中，可以看出髋关节内旋运动功能不足，在动作中髋关节外旋的运动幅度比较大，髋关节内旋的运动被髋关节外旋运动代偿。当髋关节内旋的运动功能足够时，髋关节外旋运动代偿会相应减少。

（2）髋内旋代偿模式。

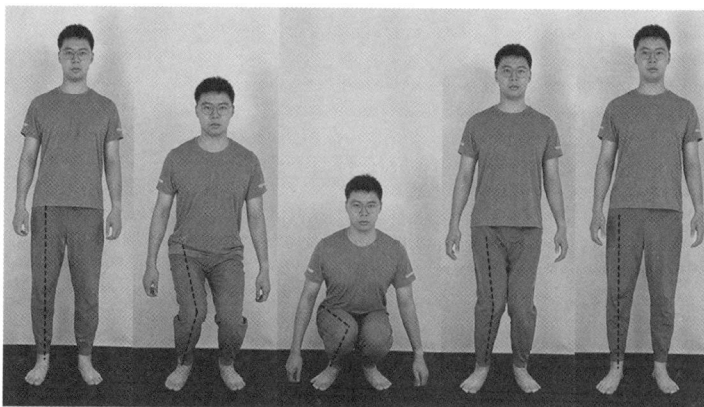

上图中，可以看出髋关节外旋运动功能不足，在动作中髋关节内旋的运动幅

度比较大，髋关节外旋的运动被髋关节内旋运动代偿。当髋关节外旋的运动功能足够时，髋关节内旋运动代偿会相应减少。

5. 髋外旋代偿的调整方法

当髋外旋代偿出现运动障碍或疼痛时，可采取以下手法和训练来调整。

（1）激活手法和离心控制训练：

①右髋内旋＋力态康复床骨盆右旋模式；

②左髋内旋＋力态康复床骨盆左旋模式。

（2）向心控制训练：

①右髋内旋同侧/对侧＋力态康复床骨盆右旋模式；

②左髋内旋同侧/对侧＋力态康复床骨盆左旋模式。

（3）等长控制训练：

①右髋内旋同侧/对侧＋力态康复床骨盆右旋模式；

②左髋内旋同侧/对侧＋力态康复床骨盆左旋模式。

6. 髋内旋代偿的调整方法

当髋内旋代偿出现运动障碍或疼痛时，可采取以下手法和训练来调整。

（1）激活手法和离心控制训练：

①右髋外旋＋力态康复床骨盆左旋模式；

②左髋外旋＋力态康复床骨盆右旋模式。

（2）向心控制训练：

①右髋外旋同侧/对侧＋力态康复床骨盆左旋模式；

②左髋外旋同侧/对侧＋力态康复床骨盆右旋模式。

（3）等长控制训练：

①右髋外旋同侧/对侧＋力态康复床骨盆左旋模式；

②左髋外旋同侧/对侧＋力态康复床骨盆右旋模式。

10.3 单腿站立

1. 评估单腿站立

在直立行走中还有一个重要的动作模式是左右腿交替走，在此动作过程中必然有一侧是单腿站立保持平衡的。这个动作模式出现障碍非常容易导致踝关节扭伤（即崴脚），继而引起膝关节、髋关节及腰椎的疼痛。单腿站立的正常模式主要靠髋关节完成，实际上，异常的动作有很多种代偿模式，本书中只列了其中几种。而无论是哪种代偿模式，都是单腿站立动作异常造成的，只是有的人表现出一种代偿，有的人表现出另外一种代偿，只要解决了单腿站立的异常问题，其代偿问题就相应地解决了。

（1）正常模式。

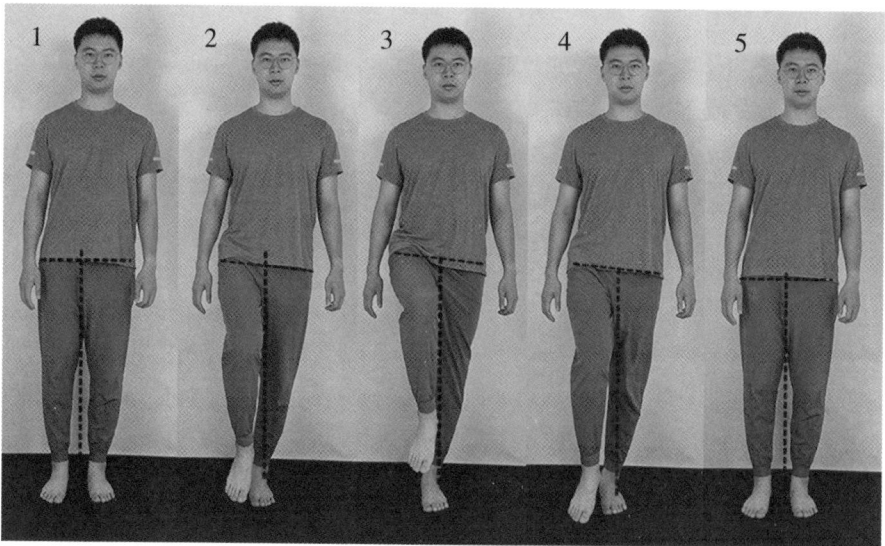

上图中，1~3是从双腿站立到单左腿站立的正常动作，3~5是从单左腿站立到双腿站立的正常动作，可以看出人体重心依然在身体中间，骨盆在冠状面有

轻微摆动。

（2）髋外展代偿模式。

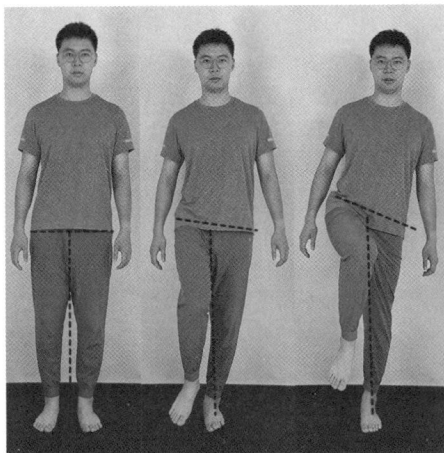

左图中，左髋关节内收运动功能不够，在动作中左髋外展的运动幅度比较大，因此骨盆往左侧倾斜幅度很大，髋关节内收的运动被髋关节外展运动代偿。当髋关节内收的运动功能足够时，髋关节外展运动代偿会相应减少。

（3）髋内收代偿模式。

右图中，左髋关节外展运动功能不够，在动作中左髋内收的运动幅度比较大，因此骨盆往右侧倾斜幅度很大，髋关节外展的运动被髋关节内收运动代偿。当髋关节外展的运动功能足够时，髋关节内收运动代偿会相应减少。

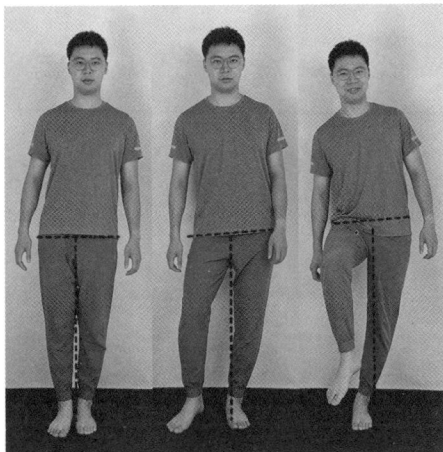

2. 髋外展代偿的调整方法

当髋外展代偿出现运动障碍或者疼痛时，可采取以下手法和训练来调整。

（1）激活手法和离心控制训练：左髋内收＋力态康复床骨盆右倾模式。

（2）向心控制训练：左髋内收同侧／对侧＋力态康复床骨盆右倾模式。

（3）等长控制训练：左髋内收同侧／对侧＋力态康复床骨盆右倾模式。

3. 髋内收代偿的调整方法

当髋内收代偿出现运动障碍或者疼痛时，可采取以下手法和训练来调整。

（1）激活手法和离心控制训练：左髋外展＋力态康复床骨盆左倾模式。

（2）向心控制训练：左髋外展同侧／对侧＋力态康复床骨盆左倾模式。

（3）等长控制训练：左髋外展同侧／对侧＋力态康复床骨盆左倾模式。

10.4　站立前屈

1. 评估站立前屈

生活中所有向前向下的脊柱屈曲动作都和站立前屈的能力有关，比如弯腰系鞋带和弯腰拿东西等，这个动作模式出现障碍非常容易导致腰椎和颈椎疼痛的。因为久坐后骨盆前倾必然受到限制，而骨盆前倾的能力决定了这个动作的安全性。实际上，异常的动作有很多种代偿模式，本书中只列了其中几种。而无论是哪种代偿模式，都是骨盆前倾和骨盆后倾动作异常造成的，只是有的人表现出一种代偿，有的人表现出另外一种代偿，只要解决了骨盆前倾和骨盆后倾的异常问题，其代偿问题就相应地解决了。

（1）正常模式。

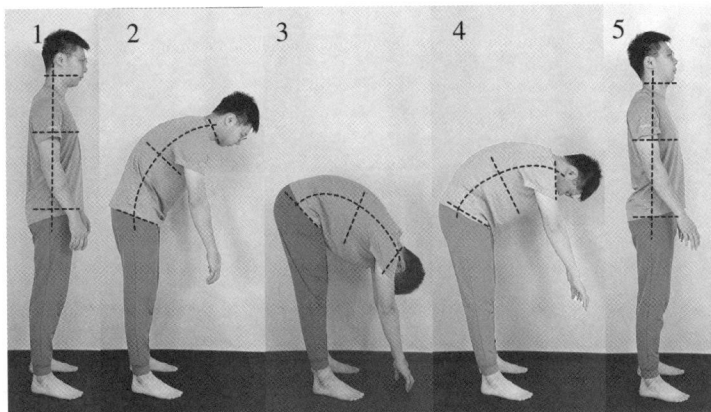

　　上图中，1~3是从中立位到站立前屈的正常动作，3~5是从站立前屈到中立位的正常动作，由骨盆前倾带动脊柱运动，腰椎—胸椎—颈椎的运动很顺滑、均衡。

（2）胸椎代偿模式。

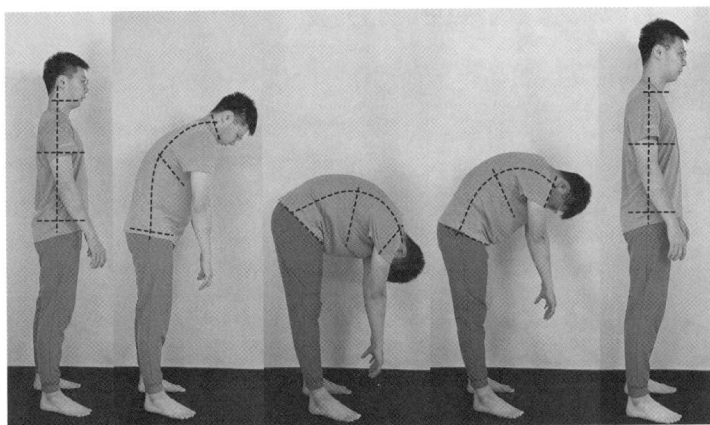

　　上图中，腰椎屈曲运动功能不足，在动作中胸椎的运动幅度比较大，腰椎运

动被胸椎运动代偿。当腰椎的运动功能足够时，胸椎运动代偿会相应减少。

（3）腰椎代偿模式。

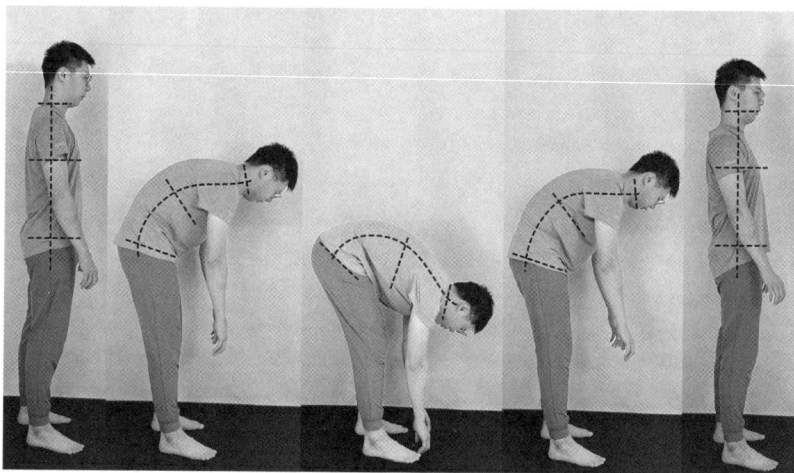

上图中，颈椎—胸椎屈曲运动功能不足，在动作中腰椎的运动幅度比较大，颈椎—胸椎运动被腰椎运动代偿。当颈椎—胸椎的运动功能足够时，腰椎运动代偿会相应减少。

2. 从中立位到站立前屈的调整方法

当从中立位到站立前屈动作出现运动障碍或者疼痛时，可采取以下手法和训练来调整。

（1）激活手法和离心控制训练：

①右髋屈曲＋力态康复床骨盆前倾模式；

②左髋屈曲＋力态康复床骨盆前倾模式。

（2）向心控制训练：

①右髋屈曲同侧/对侧＋力态康复床骨盆前倾模式；

②左髋屈曲同侧/对侧＋力态康复床骨盆前倾模式；

③胸腔屈曲训练＋力态康复床骨盆前倾模式。

（3）等长控制训练：

①右髋屈曲同侧/对侧 + 力态康复床骨盆前倾模式；

②左髋屈曲同侧/对侧 + 力态康复床骨盆前倾模式。

3. 从站立前屈到中立位的调整方法

当从站立前屈到中立位动作出现运动障碍或者疼痛时，可采取以下手法和训练来调整。

（1）激活手法和离心控制训练：

①右髋伸展 + 力态康复床骨盆后倾模式；

②左髋伸展 + 力态康复床骨盆后倾模式。

（2）向心控制训练：

①右髋伸展同侧/对侧 + 力态康复床骨盆后倾模式；

②左髋伸展同侧/对侧 + 力态康复床骨盆后倾模式；

③胸腔后弯训练 + 力态康复床骨盆后倾模式。

（3）等长控制训练：

①右髋伸展同侧/对侧 + 力态康复床骨盆后倾模式；

②左髋伸展同侧/对侧 + 力态康复床骨盆后倾模式。

10.5　站立后弯

1. 评估站立后弯

生活中所有向后、向上的脊柱伸展动作都和站立后弯的能力有关，比如伸懒腰和背挺直等，这个动作模式出现障碍非常容易导致腰椎和颈椎疼痛。因为久坐后胸椎后弯必然受到限制，胸椎后弯的能力决定了这个动作的安全性。实际上，异常的动作有很多种代偿模式，本书中只列了其中几种。而无论是哪种代偿模式，都是胸椎后弯动作异常造成的，只是有的人表现出一种代偿，有的人表现出另外一种代偿，只要解决了胸椎后弯的异常问题，其代偿问题就相应地解决了。

（1）正常模式。

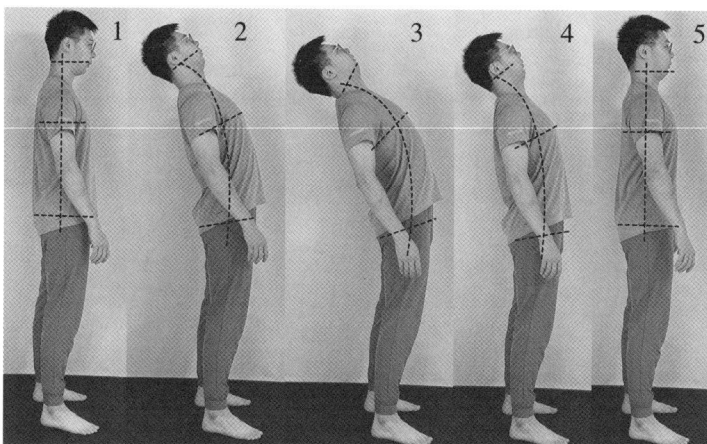

上图中，1~3 是从中立位到站立后弯的正常动作，3~5 是从站立后弯到中立位的正常动作，由骨盆后倾带动脊柱运动，腰椎—胸椎—颈椎的运动很顺滑、均衡。

（2）腰椎代偿模式。

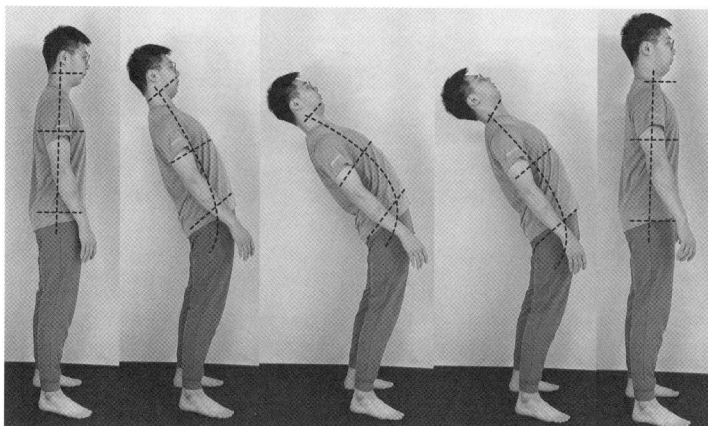

上图中，胸椎后弯运动功能不足，在动作中腰椎的运动幅度比较大，胸椎运动被腰椎运动代偿。当胸椎的运动功能足够时，腰椎运动代偿会相应减少。

（3）颈椎代偿模式。

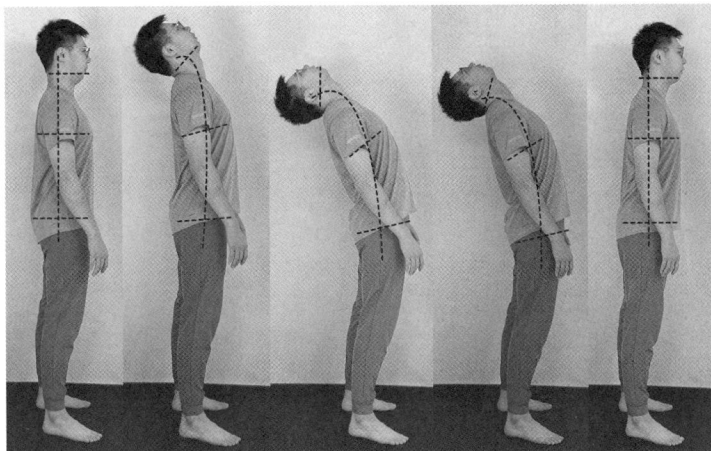

上图中，胸椎后弯运动功能不足，在动作中颈椎的运动幅度比较大，胸椎运动被颈椎运动代偿。当胸椎的运动功能足够时，颈椎运动代偿会相应减少。

2. 从中立位到站立后弯调整方法

当从中立位到站立后弯出现运动障碍或者疼痛时，可采取以下手法和训练来调整。

（1）激活手法和离心控制训练：

①右髋伸展 + 力态康复床骨盆后倾模式；

②左髋伸展 + 力态康复床骨盆后倾模式。

（2）向心控制训练：

①右髋伸展同侧/对侧 + 力态康复床骨盆后倾模式；

②左髋伸展同侧/对侧 + 力态康复床骨盆后倾模式；

③胸腔后弯训练 + 力态康复床骨盆后倾模式。

（3）等长控制训练：

①右髋伸展同侧/对侧 + 力态康复床骨盆后倾模式；

②左髋伸展同侧/对侧 + 力态康复床骨盆后倾模式。

3. 从站立后弯到中立位调整方法

当从站立后弯到中立位出现运动障碍或者疼痛时，可采取以下手法和训练来调整。

（1）激活手法和离心控制训练：

①右髋屈曲＋力态康复床骨盆前倾模式；

②左髋屈曲＋力态康复床骨盆前倾模式。

（2）向心控制训练：

①右髋屈曲同侧/对侧＋力态康复床骨盆前倾模式；

②左髋屈曲同侧/对侧＋力态康复床骨盆前倾模式；

③胸腔屈曲训练＋力态康复床骨盆前倾模式。

（3）等长控制训练：

①右髋屈曲同侧/对侧＋力态康复床骨盆前倾模式；

②左髋屈曲同侧/对侧＋力态康复床骨盆前倾模式。

10.6　站立扭转

1. 评估脊柱扭转

生活中所有脊柱扭转的动作都和站立扭转的能力有关，比如走路时胸腔的旋转和转身等，这个动作模式出现障碍非常容易导致腰椎和颈椎疼痛。因为久坐后胸椎旋转必然受到限制，胸腔旋转的能力决定了这个动作的安全性。腰椎的实际扭转角度是很小的，若是大幅度的腰椎扭转将会非常危险。实际上，异常的动作有很多种代偿模式，本书中只列了其中几种。而无论是哪种代偿模式，都是胸腔旋转动作异常造成的，只是有的人表现出一种代偿，有的人表现出另外一种代偿，只要解决了胸腔旋转的异常问题，其代偿问题就相应地解决了。

（1）正常模式。

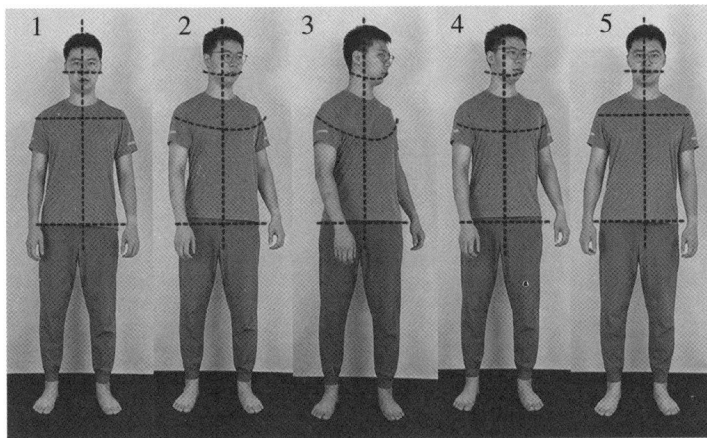

上图中，1~3 是从中立位到站立扭转的正常动作，3~5 是从站立扭转到中立位的正常动作，胸椎的运动幅度大于颈椎和腰椎。

（2）腰椎代偿模式。

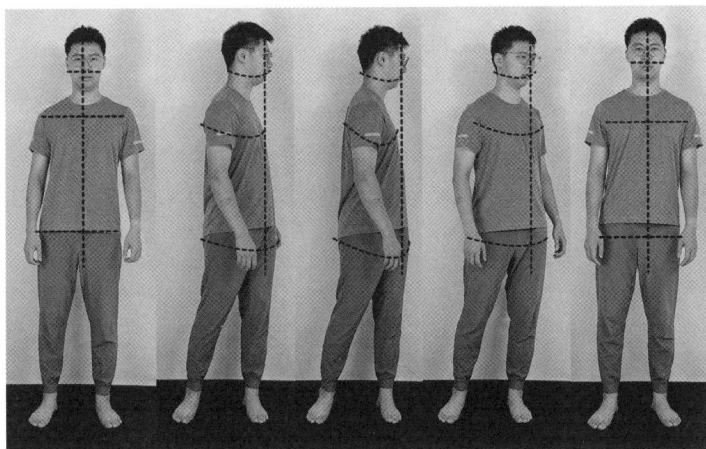

上图中，胸椎扭转运动功能不足，在动作中腰椎的运动幅度比较大，胸椎运动被腰椎运动代偿。当胸椎的运动功能足够时，腰椎运动代偿会相应减少。

（3）颈椎代偿模式。

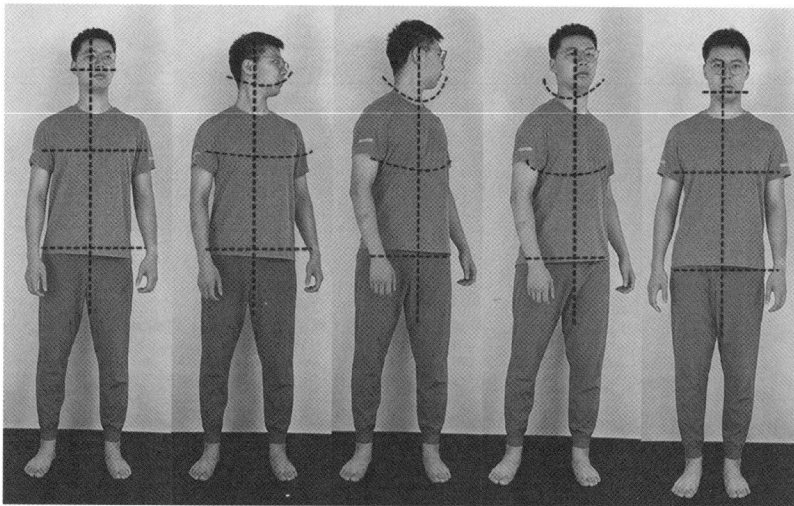

上图中，胸椎扭转运动功能不足，在动作中颈椎的运动幅度比较大，胸椎运动被颈椎运动代偿。当胸椎的运动功能足够时，颈椎运动代偿会相应减少。

2. 从中立位到站立（左侧）扭转的调整方法

当从中立位到站立（左侧）扭转动作出现运动障碍或者疼痛时，可采取以下手法和训练来调整。

（1）激活手法和离心控制训练：

①右髋内旋＋力态康复床骨盆右旋模式；

②左髋外旋＋力态康复床骨盆右旋模式。

（2）向心控制训练：

①右髋内旋同侧／对侧＋力态康复床骨盆右旋模式；

②左髋外旋同侧／对侧＋力态康复床骨盆右旋模式；

③右胸腔闭合性旋转训练＋力态康复床骨盆前倾模式；

④左胸腔开放性旋转训练＋力态康复床骨盆前倾模式。

（3）等长控制训练：

①右髋内旋同侧／对侧＋力态康复床骨盆右旋模式；

②左髋外旋同侧/对侧＋力态康复床骨盆右旋模式。

3. 从站立（左侧）扭转到中立位的调整方法

当从站立（左侧）扭转到中立位动作出现运动障碍或者疼痛时，可采取以下手法和训练来调整。

（1）激活手法：

①右髋外旋＋力态康复床骨盆左旋模式；

②左髋内旋＋力态康复床骨盆左旋模式。

（2）向心控制训练：

①右髋外旋同侧/对侧＋力态康复床骨盆左旋模式；

②左髋内旋同侧/对侧＋力态康复床骨盆左旋模式；

③右胸腔开放性旋转训练＋力态康复床骨盆前倾模式；

④左胸腔闭合性旋转训练＋力态康复床骨盆前倾模式。

（3）等长控制训练：

①右髋外旋同侧/对侧＋力态康复床骨盆左旋模式；

②左髋内旋同侧/对侧＋力态康复床骨盆左旋模式。

10.7　站立侧弯

1. 评估脊柱侧弯

生活中所有脊柱侧弯动作都和站立侧弯的能力有关，比如走路时的平衡能力等，这个动作模式出现障碍非常容易导致腰椎和颈椎疼痛。因为久坐后胸椎侧弯必然受到限制，胸腔侧弯的能力决定这个动作的安全性。实际上，异常的动作有很多种代偿模式，本书中只列了几种。而无论是哪种代偿模式，都是胸腔侧弯动作异常造成的，只是有的人表现出一种代偿，有的人表现出另外一种代偿，只要解决了胸腔侧弯的异常问题，其代偿问题就相应地解决了。

（1）正常模式。

上图中，1～3是从中立位到站立侧弯的正常动作，3～5是从站立侧弯到中立位的正常动作，胸椎的运动幅度大于颈椎和腰椎。

（2）腰椎代偿模式。

上图中，胸椎侧弯运动功能不足，在动作中腰椎的运动幅度比较大，胸椎运动被腰椎运动代偿。当胸椎的运动功能足够时，腰椎运动代偿会相应减少。

（3）颈椎代偿模式。

上图中，胸椎侧弯运动功能不足，在动作中颈椎的运动幅度比较大，胸椎运动被颈椎运动代偿。当胸椎的运动功能足够时，颈椎运动代偿会相应减少。

2. 从中立位到站立（左）侧弯的调整方法

当从中立位到站立（左）侧弯动作出现运动障碍或者疼痛时，可采取以下手法和训练来调整。

（1）激活手法和离心控制训练：

①左髋内收 + 力态康复床骨盆左倾模式；

②右髋外展 + 力态康复床骨盆左倾模式。

（2）向心控制训练：

①左髋内收同侧/对侧 + 力态康复床骨盆左倾模式；

②右髋外展同侧/对侧 + 力态康复床骨盆左倾模式；

③左胸腔侧弯下压训练 + 力态康复床骨盆前倾模式；

④右胸腔侧弯上抬训练 + 力态康复床骨盆后倾模式。

（3）等长控制训练：

①左髋内收同侧/对侧 + 力态康复床骨盆左倾模式；

②右髋外展同侧/对侧 + 力态康复床骨盆左倾模式。

3. 从站立（左）侧弯到中立位的调整方法

当从站立（左）侧弯到中立位动作出现运动障碍或者疼痛时，可采取以下手法和训练来调整。

（1）激活手法和离心控制训练：

①左髋外展 + 力态康复床骨盆右倾模式；

②右髋内收 + 力态康复床骨盆右倾模式。

（2）向心控制训练：

①左髋外展同侧/对侧 + 力态康复床骨盆右倾模式；

②右髋内收同侧/对侧 + 力态康复床骨盆右倾模式；

③右胸腔侧弯下压训练 + 力态康复床骨盆前倾模式；

④左胸腔侧弯上抬训练 + 力态康复床骨盆后倾模式。

（3）等长控制训练：

①左髋外展同侧/对侧 + 力态康复床骨盆右倾模式；

②右髋内收同侧/对侧 + 力态康复床骨盆右倾模式。

10.8　肩屈曲

1. 评估肩屈曲

生活中所有手臂举过头的动作都和肩屈曲的能力有关，比如伸手在高处拿东西等，这个动作模式出现障碍非常容易导致肩关节、腰椎及颈椎疼痛。胸椎、肩胛骨及肩关节的位置关系决定了这个运动功能是否正常。实际上，异常的动作有很多种代偿模式，本书中只列了几种。而无论是哪种代偿模式，都是肩屈曲动作异常造成的，只是有的人表现出一种代偿，有的人表现出另外一种代偿，只要解决了肩屈曲的异常问题，其代偿问题就相应地解决了。

（1）正常模式。

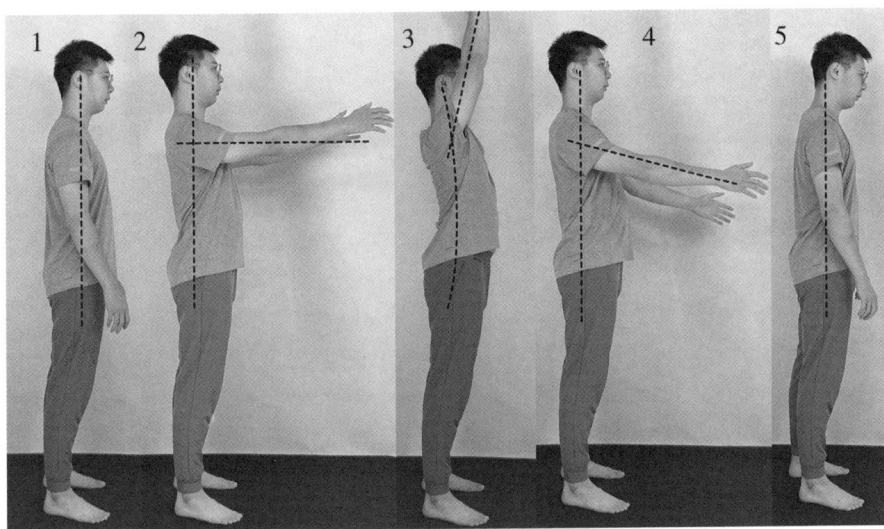

上图中，1~3 是从中立位到肩屈曲的正常动作，3~5 是从肩屈曲到中立位的正常动作，胸椎、肩胛骨及肩关节运动功能配合得很好。

（2）腰椎代偿模式。

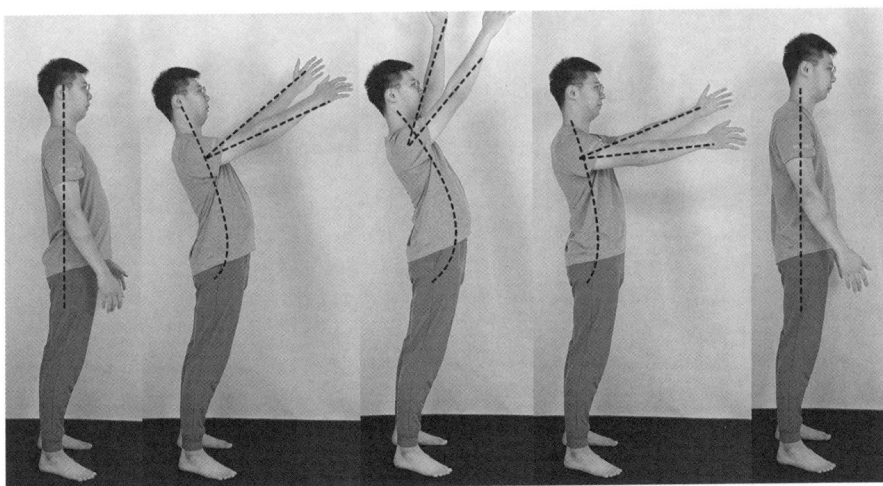

上图中，胸椎、肩胛骨及肩关节运动功能不足，在动作中腰椎的运动幅度比较大，胸椎、肩胛骨及肩关节的运动功能被腰椎运动代偿。当胸椎、肩胛骨及肩关节的运动功能足够时，腰椎运动代偿会相应减少。

（3）颈椎代偿模式。

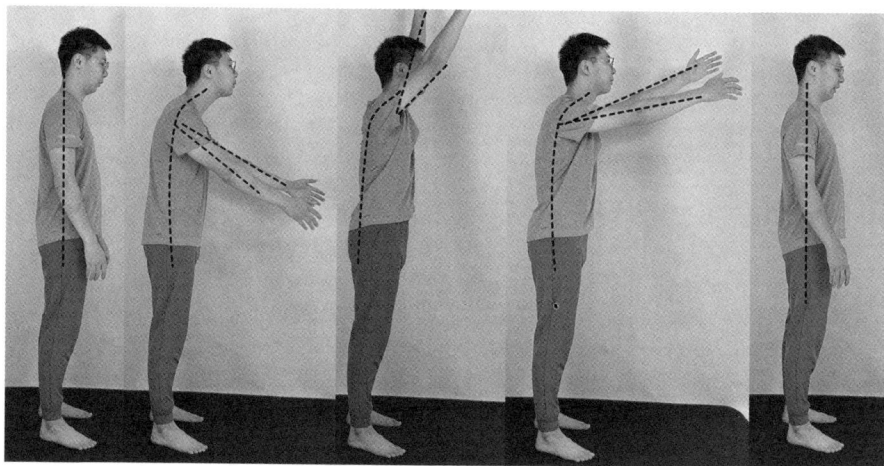

上图中，胸椎、肩胛骨及肩关节运动功能不足，在动作中颈椎的运动幅度比较大，胸椎、肩胛骨及肩关节的运动功能被颈椎运动代偿。当胸椎、肩胛骨及肩关节的运动功能足够时，颈椎运动代偿会相应减少。

2. 从中立位到肩屈曲的调整方法

当从中立位到肩屈曲动作出现运动障碍或者疼痛时，可采取以下手法和训练来调整。

（1）激活手法和离心控制训练：

①右肩胛骨上抬 + 力态康复床骨盆右倾模式；

②右肩胛骨前突 + 力态康复床骨盆左旋模式；

③右肩屈曲 + 力态康复床骨盆后倾模式。

（2）向心控制训练：胸腔后弯训练 + 力态康复床骨盆后倾模式。

（3）等长控制训练：右髋伸展同侧/对侧 + 力态康复床骨盆后倾模式。

3. 从肩屈曲到中立位的调整方法

当从肩屈曲到中立位动作出现运动障碍或者疼痛时，可采取以下手法和训练来调整。

（1）激活手法和离心控制训练：

①右肩胛骨下压＋力态康复床骨盆左倾模式；

②右肩胛骨后缩＋力态康复床骨盆右旋模式；

③右肩伸展＋力态康复床骨盆前倾模式。

（2）向心控制训练：胸腔屈曲训练＋力态康复床骨盆前倾模式。

（3）等长控制训练：右髋屈曲同侧/对侧＋力态康复床骨盆前倾模式。

10.9 肩伸展

1. 评估肩伸展

生活中所有手臂往身后的动作都和肩伸展的能力有关，比如走路时手臂往后的摆动等，这个动作模式出现障碍非常容易导致肩关节、腰椎及颈椎疼痛。胸椎、肩胛骨及肩关节的位置关系决定了这个运动功能是否正常。实际上，异常的动作有很多种代偿模式，本书中只列了几种。而无论是哪种代偿模式，都是肩伸展动作异常造成的，只是有的人表现出一种代偿，有的人表现出另外一种代偿，只要解决了肩伸展的异常问题，其代偿问题就相应地解决了。

（1）正常模式。

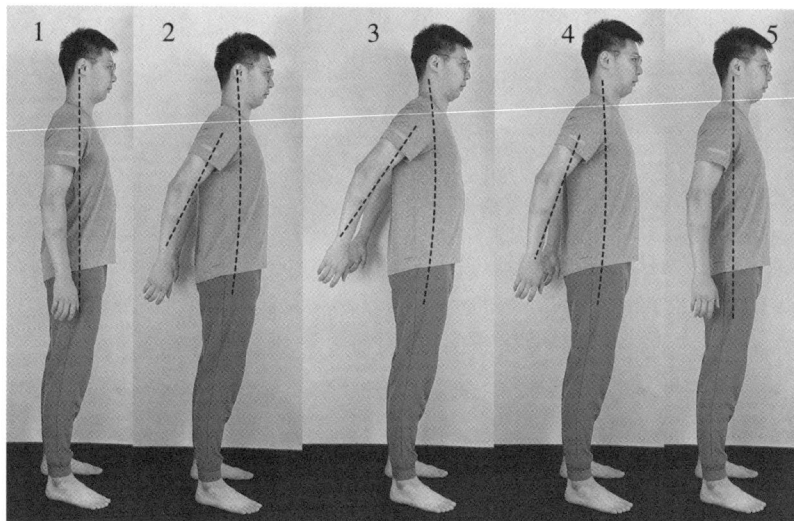

上图中，1~3 是从中立位到肩伸展的正常动作，3~5 是从肩伸展到中立位的正常动作，胸椎、肩胛骨及肩关节运动功能配合得很好。

（2）腰椎代偿模式。

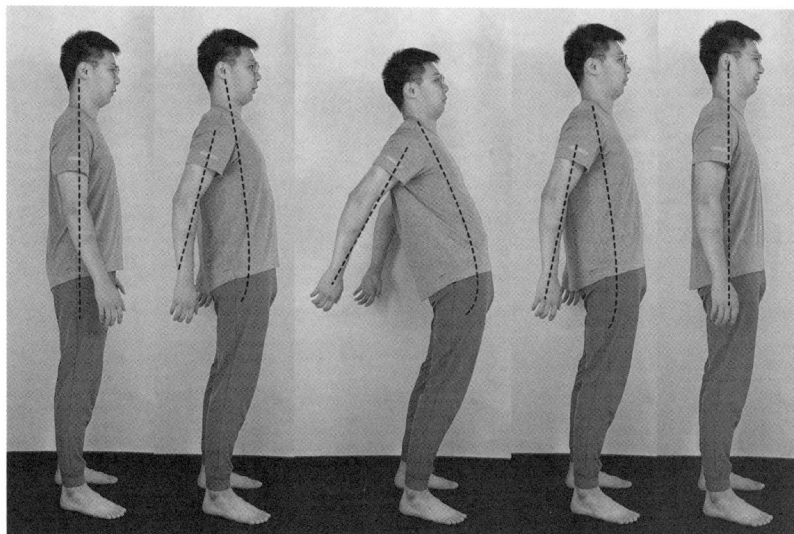

　　上图中，胸椎、肩胛骨及肩关节运动功能不足，在动作中腰椎的运动幅度比较大，胸椎、肩胛骨及肩关节的运动功能被腰椎运动代偿。当胸椎、肩胛骨及肩关节的运动功能足够时，腰椎运动代偿会相应减少。

　　（3）颈椎代偿模式。

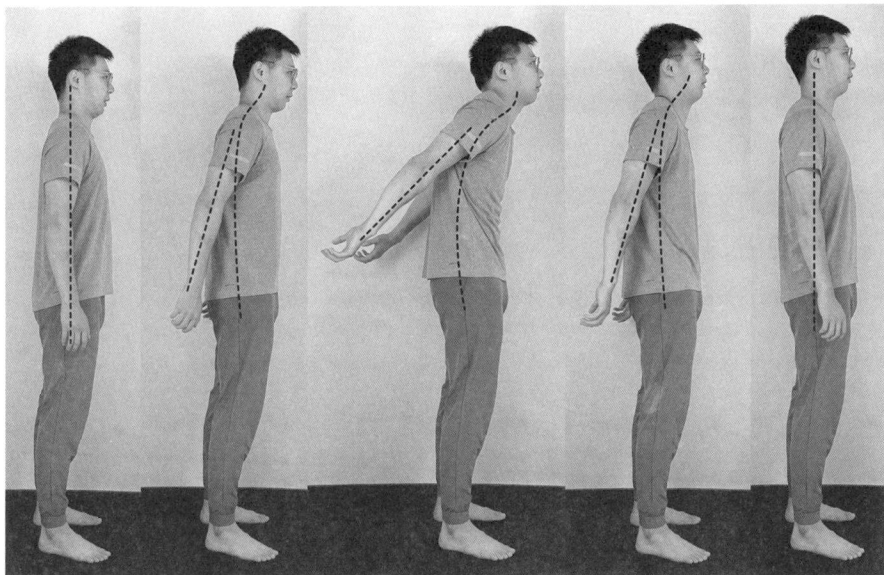

　　上图中，胸椎、肩胛骨及肩关节运动功能不足，在动作中颈椎的运动幅度比较大，胸椎、肩胛骨及肩关节的运动功能被颈椎运动代偿。当胸椎、肩胛骨及肩关节的运动功能足够时，颈椎运动代偿会相应减少。

2. 从中立位到肩伸展的调整方法

　　当从中立位到肩伸展动作出现运动障碍或者疼痛时，可采取以下手法和训练来调整。

　　（1）激活手法和离心控制训练：

　　①右肩胛骨下压＋力态康复床骨盆左倾模式；

　　②右肩胛骨后缩＋力态康复床骨盆右旋模式；

　　③右肩伸展＋力态康复床骨盆前倾模式。

（2）向心控制训练：胸腔屈曲训练＋力态康复床骨盆前倾模式。

（3）等长控制训练：右髋屈曲同侧／对侧＋力态康复床骨盆前倾模式。

3. 从肩伸展到中立位的调整方法

当从肩伸展到中立位动作出现运动障碍或者疼痛时，可采取以下手法和训练来调整。

（1）激活手法和离心控制训练：

①右肩胛骨上抬＋力态康复床骨盆右倾模式；

②右肩胛骨前突＋力态康复床骨盆左旋模式；

③右肩屈曲＋力态康复床骨盆后倾模式。

（2）向心控制训练：胸腔后弯训练＋力态康复床骨盆后倾模式。

（3）等长控制训练：右髋伸展同侧／对侧＋力态康复床骨盆后倾模式。

10.10　肩外展—肩内收

1. 评估肩外展

生活中所有手臂外侧展开的动作都和肩外展的能力有关，比如伸手在身体侧面拿东西等，这个动作模式出现障碍非常容易导致肩关节、腰椎及颈椎疼痛。胸椎、肩胛骨及肩关节的位置关系决定了这个运动功能是否正常。实际上，异常的动作有很多种代偿模式，本书中只列了几种。而无论是哪种代偿模式，都是肩外展动作异常造成的，只是有的人表现出一种代偿，有的人表现出另外一种代偿，只要解决了肩外展的异常问题，其代偿问题就相应地解决了。

（1）正常模式。

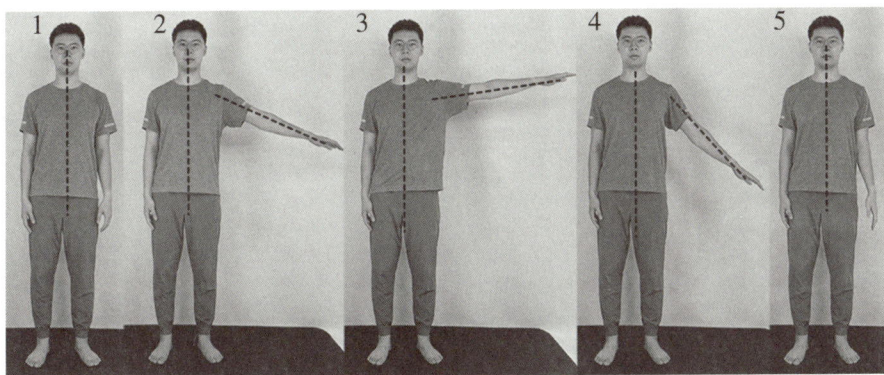

上图中，1~3 是从中立位到肩外展的正常动作，3~5 是从肩外展到中立位的正常动作，胸椎、肩胛骨及肩关节运动功能配合得很好。

（2）腰椎代偿模式。

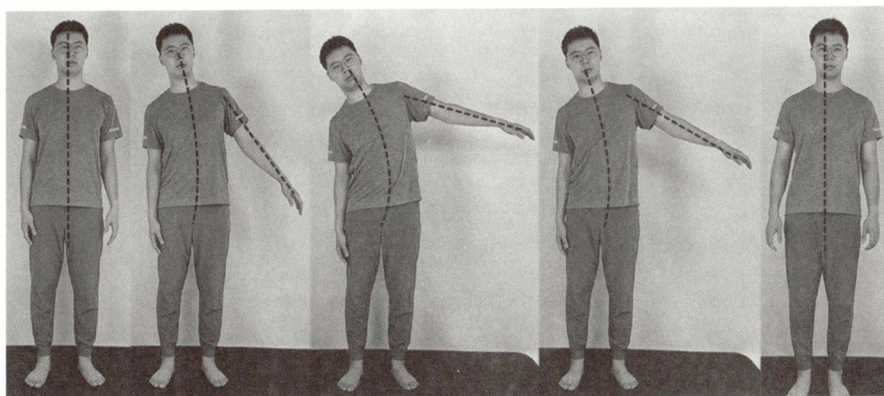

上图中，胸椎、肩胛骨及肩关节运动功能不足，在动作中腰椎的运动幅度比较大，胸椎、肩胛骨及肩关节的运动功能被腰椎运动代偿。当胸椎、肩胛骨及肩关节的运动功能足够时，腰椎运动代偿会相应减少。

（3）颈椎代偿模式。

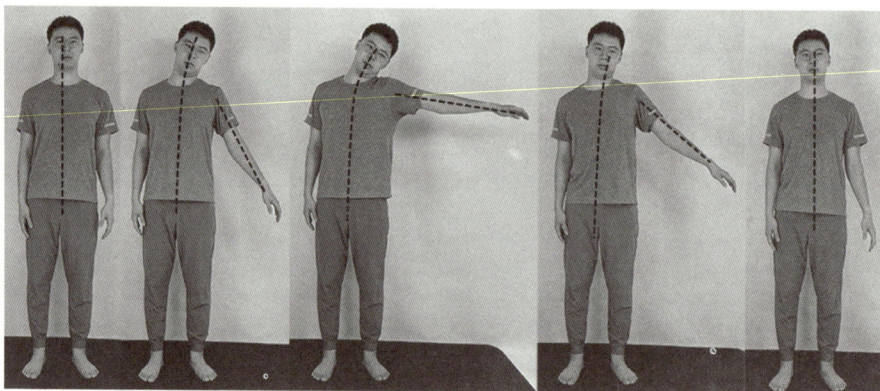

上图中，胸椎、肩胛骨及肩关节运动功能不足，在动作中颈椎的运动幅度比较大，胸椎、肩胛骨及肩关节的运动功能被颈椎运动代偿。当胸椎、肩胛骨及肩关节的运动功能足够时，颈椎运动代偿会相应减少。

2. 从中立位（肩内收）到肩外展的调整方法

当从中立位（肩内收）到肩外展动作出现运动障碍或者疼痛时，可采取以下手法和训练来调整。

（1）激活手法和离心控制训练：

①右肩胛骨上抬＋力态康复床骨盆右倾模式；

②右肩胛骨前突＋力态康复床骨盆左旋模式；

③右肩外展＋力态康复床骨盆右倾模式。

（2）向心控制训练：胸腔侧弯上抬训练＋力态康复床骨盆后倾模式。

（3）等长控制训练：右髋外展同侧/对侧＋力态康复床骨盆右倾模式。

3. 从肩外展到中立位（肩内收）的调整方法

当肩外展到中立位（肩内收）动作出现运动障碍或者疼痛时，可采取以下手法和训练来调整。

（1）激活手法和离心控制训练：

①右肩胛骨下压 + 力态康复床骨盆左倾模式；

②右肩胛骨后缩 + 力态康复床骨盆右旋模式；

③右肩内收 + 力态康复床骨盆左倾模式。

（2）向心控制训练：胸腔侧弯下压训练 + 力态康复床骨盆前倾模式。

（3）等长控制训练：右髋内收同侧/对侧 + 力态康复床骨盆左倾模式。

10.11 肩外旋

1. 评估肩外旋

生活中所有肩屈曲和肩外展动作的安全性都和肩外旋的能力有关，这个动作模式出现障碍非常容易导致肩关节、腰椎及颈椎疼痛。胸椎、肩胛骨及肩关节的位置关系决定了这个运动功能是否正常。实际上，异常的动作有很多种代偿模式，本书中只列了一种。而无论是哪种代偿模式，都是肩外旋动作异常造成的，只是有的人表现出一种代偿，有的人表现出另外一种代偿，只要解决了肩外旋的异常问题，其代偿问题就相应地解决了。

（1）正常模式。

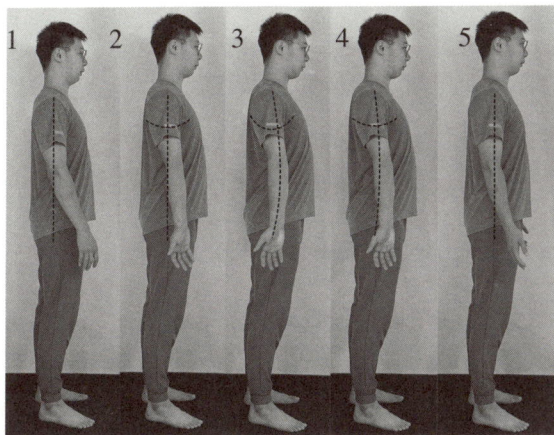

上图中，1～3是从中立位到肩外旋的正常动作，3～5是从肩外旋到中立位的正常动作，胸椎、肩胛骨及肩关节运动功能配合得很好。

（2）腰椎代偿模式。

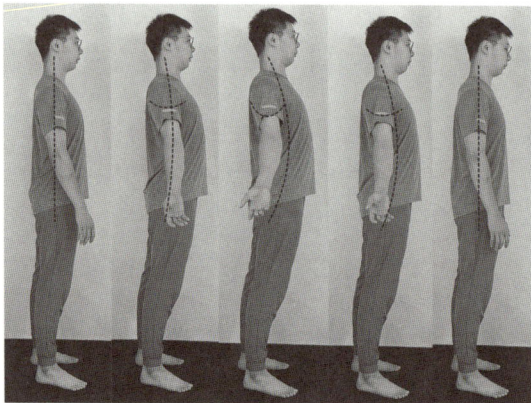

上图中，胸椎、肩胛骨及肩关节运动功能不足，在动作中肋骨外翻（带动腰椎）的运动幅度比较大，胸椎、肩胛骨及肩关节的运动功能被腰椎运动代偿。当胸椎、肩胛骨及肩关节运动的运动功能足够时，腰椎运动代偿会相应减少。

2. 从中立位到肩外旋的调整方法

当从中立位到肩外旋动作出现运动障碍或者疼痛时，可采取以下手法和训练来调整。

（1）激活手法和离心控制训练：右肩外旋＋力态康复床骨盆右旋模式。

（2）向心控制训练：胸腔开放性旋转训练＋力态康复床骨盆后倾模式。

（3）等长控制训练：右髋外旋同侧/对侧＋力态康复床骨盆右旋模式。

3. 从肩外旋到中立位的调整方法

当从肩外旋到中立位动作出现运动障碍或者疼痛时，可采取以下手法和训练来调整。

（1）激活手法和离心控制训练：右肩内旋＋力态康复床骨盆左旋模式。

（2）向心控制训练：胸腔闭合性旋转训练＋力态康复床骨盆前倾模式。

（3）等长控制训练：右髋内旋同侧/对侧＋力态康复床骨盆左旋模式。

10.12　肩内旋

1. 评估肩内旋

生活中所有肩伸展和肩内收动作的安全性都和肩内旋的能力有关，这个动作模式出现障碍非常容易导致肩关节、腰椎及颈椎疼痛。胸椎、肩胛骨及肩关节的位置关系决定了这个运动功能是否正常。实际上，异常的动作有很多种代偿模式，本书中只列了一种。而无论是哪种代偿模式，都是肩内旋动作异常造成的，只是有的人表现出一种代偿，有的人表现出另外一种代偿，只要解决了肩内旋的异常问题，其代偿问题就相应地解决了。

（1）正常模式。

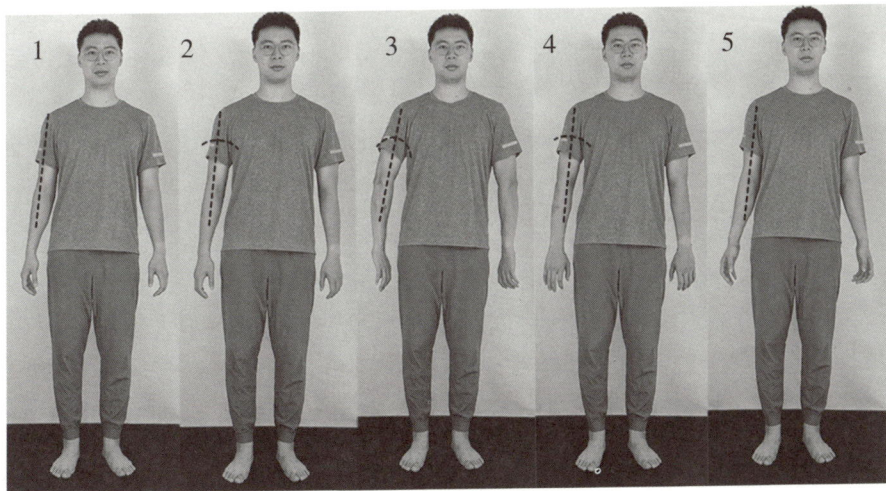

上图中，1~3是从中立位到肩内旋的正常动作，3~5是从肩内旋到中立位的正常动作，胸椎、肩胛骨及肩关节运动功能配合得很好。

（2）颈椎代偿模式。

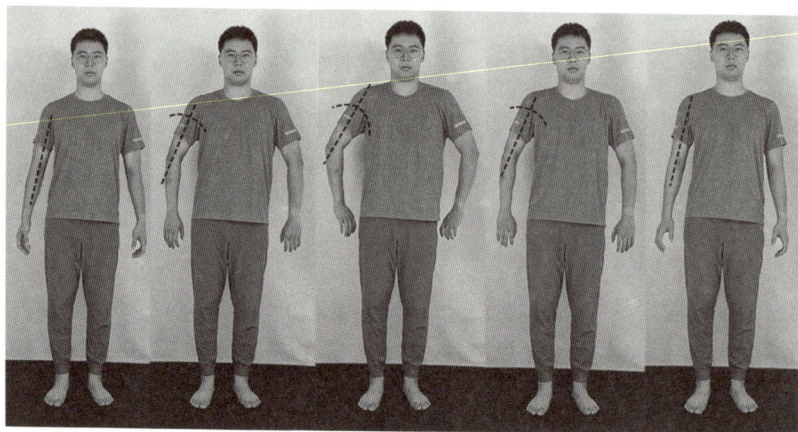

上图中，胸椎、肩胛骨及肩关节运动功能不足，在动作中耸肩（带动颈椎）的运动幅度比较大，胸椎、肩胛骨及肩关节的运动功能被颈椎运动代偿。当胸椎、肩胛骨及肩关节的运动功能足够时，颈椎运动代偿会相应减少。

2. 从中立位到肩内旋的调整方法

当从中立位到肩内旋动作出现运动障碍或者疼痛时，可采取以下手法和训练来调整。

（1）激活手法和离心控制训练：右肩内旋＋力态康复床骨盆左旋模式。

（2）向心控制训练：胸腔闭合性旋转训练＋力态康复床骨盆前倾模式。

（3）等长控制训练：右髋内旋同侧/对侧＋力态康复床骨盆左旋模式。

3. 从肩内旋到中立位的调整方法

当从肩内旋到中立位动作出现运动障碍或者疼痛时，可采取以下手法和训练来调整。

（1）激活手法和离心控制训练：右肩外旋＋力态康复床骨盆右旋模式。

（2）向心控制训练：胸腔开放性旋转训练＋力态康复床骨盆后倾模式。

（3）等长控制训练：右髋外旋同侧/对侧＋力态康复床骨盆右旋模式。

力态床，一年一迭代

从零到一

2020 年 7 月 1 日至 28 日，是吴霖计划中的第二次集训，拟传授滑轮组理论模型和依此改进的最新手法。确诊痛风的陈伟平，带着渴望通过手法消除疼痛的期盼，一直未接受任何治疗，一瘸一拐地到苏州接受吴霖的训练和治疗。

痛点在脚，吴霖施力于陈伟平的手臂手指，同时让陈松源（陈伟平的女儿）和李晓岚协助扭转并固定其骨盆和胸腔，使骨盆和胸腔呈反向螺旋状态。训练当天，陈伟平感觉疼痛即有几分缓解，红肿缩小，步态摇摆程度减少；次日，肘部出现红肿疼痛，仍然按照同样的方式理疗。全程五次，每次不足半小时，陈伟平步态恢复正常，其中肘部痊愈只经过了三次康复训练。奇特的治疗方法和效果，令人震撼，但同时需要这么多人手来配合，实在不方便。

陈伟平立即想到了应该设计一张康复床替代固定作用的人手，这一想法得到吴霖的大力支持。此后半年，两人反复构思、设计、实验，依托陈伟平的佛山嘉元五金制品有限公司，把 "X ＋ 滑轮组" 理论模型物化为设备，花了六个月生产了第一代力态康复床（第一代力态康复床总共制造了两张），其中跑道造型的三块控制板，每一个面都形成相邻相反的运动模式，无论外观和功能都与市场已有的产品具有显著的差异性。

2020 年 8 月 29 日，吴霖、陈伟平、李晓岚和郑文杰在肇庆开会，专门听取吴霖关于人体结构模型、理论思考和技术方法等介绍。会上，大家一致同意将吴霖的理论称为 "人体力态学"；相应地，康复床也称为 "力态康复床"（简称 "力态床"）。同时，还商议公司团队建设和出书计划。

2020 年 12 月 29 日，第一代力态床首次公开亮相于广州市黄埔开发区壹品园 "湾创之星国际青年创新创业中心" 开幕典礼。

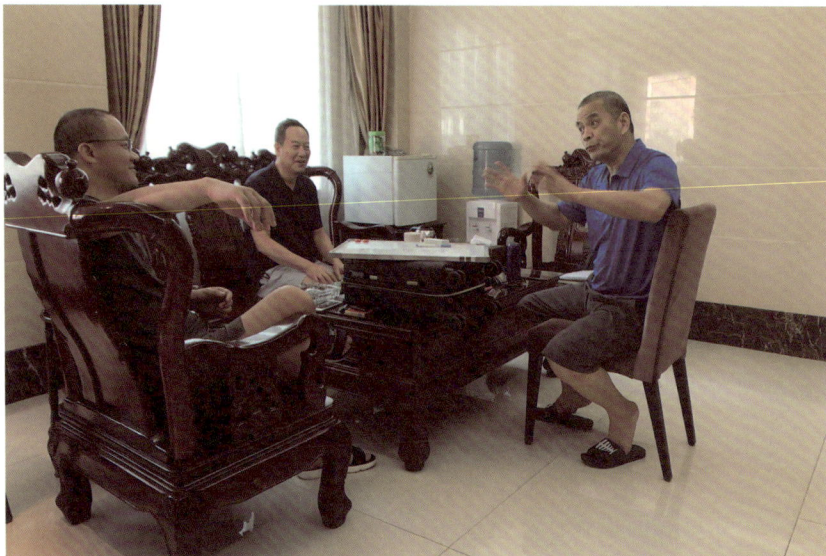

吴霖、郑文杰和陈伟平等开会讨论（2020 年 8 月 29 日，广东肇庆）

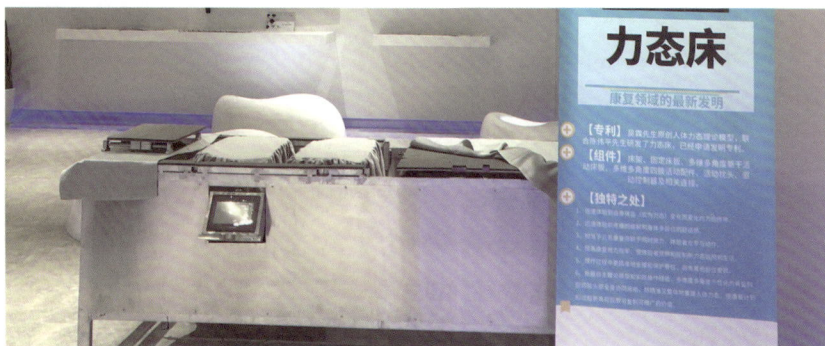

第一代力态床首次公开亮相于"湾创之星国际青年创新创业中心"开幕
典礼（2020 年 12 月 29 日，广州黄埔开发区壹品园）

从一到二

2021 年 1 月，吴霖、陈伟平等注册成立了力态生命科学（广东）有限公司
（以下简称"力态公司"），致力于普及新的康复方法以惠及更多的人。同年 3

月，第十一届广州国际康复设备展览会上，力态公司一行有缘认识广州一康医疗设备实业有限公司（以下简称"一康公司"）。同年 7 月，郑文杰和李晓岚登门拜访一康公司，表达合作意向；一康公司董事长都吉良和研发总监黄日新亲自体验力态床；8 月初，力态公司与一康公司签订合作协议。

一康公司邢金秋总经理雷厉风行地组建项目团队，配置优质资源，耗时 6 个月，研制出第二代力态床。按照第一代力态床的基本原理，适当调整结构、材料和传动方式，配置新型电机，实现了控制系统与床体一体化，同时更新系统软件，应用蓝牙无线连接、平板控制和人性化的操作页面等技术，使第二代力态床性能优越且便捷。其中，核心控制板运动流畅且稳固，每一个面均可持续联动；床体可电动升降；腿部板块可屈伸 45°；手部板块可折合收起，等等。第二代力态床共制造了四张。其中第一张于 2022 年 1 月 13 日交付力态公司工作室使用；第二张床参加了 2022 年 3 月第十二届广州国际康复设备展览会；第三张床于 5 月 20 日送达郑文杰教授家，第四张于 2022 年 5 月底送达河源市暨南大学附属第五医院，合作开展临床研究。

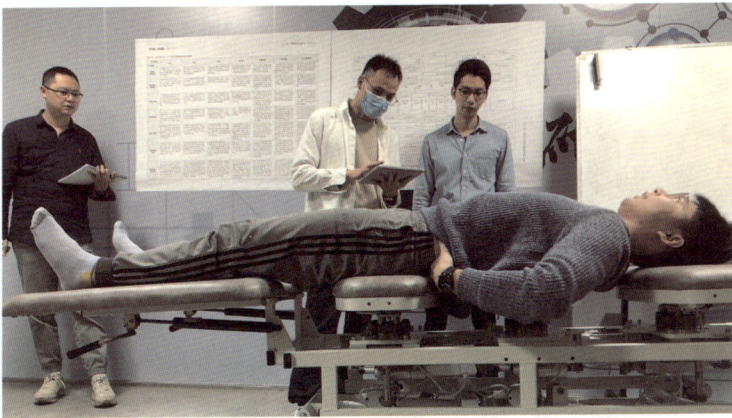

一康公司陈勇，力态公司郑炀峰、何振琦测试运行第二代力态床
（2022 年 1 月 10 日，广州番禺）

第二代力态床在第十二届广州国际康复设备展览会展出（2022年3月10日，广州琶洲广交会会馆）

从二到三

　　第二代力态床在使用过程中，得到了顾客和康复师细致和积极的反馈，也收到了来自中西医专家的具体指导意见。单春雷教授、陈大军教授和陈建平教授先后莅临力态工作室，考察力态床的运行情况和治疗效果，同时也给出指导性意见。吴霖多次到一康公司与团队共同研讨。在广州疫情影响生产秩序的情况下，一康团队投入更多的人力、财力，精益求精，严格按照医疗设备标准，不断优化细节，成功研制出第三代力态床。其中，核心控制板增加了万向运动、三挡位变化可选功能，马鞍形设计使其与人体贴合度更好；腿部板块增加了外展与屈伸组合功能；扶手可180°旋转且长度可调节；床体可降低到近似轮椅的高度，核心活动板之间的空隙使用活动插件填补。第三代力态康复床实现了科技和艺术融合，更加安全、简洁、精巧和圆润，且具艺术美感。2022年11月23日，第三代力态床亮相于深圳国际会展中心第86届中国国际医疗器械博览会（CMEF）。

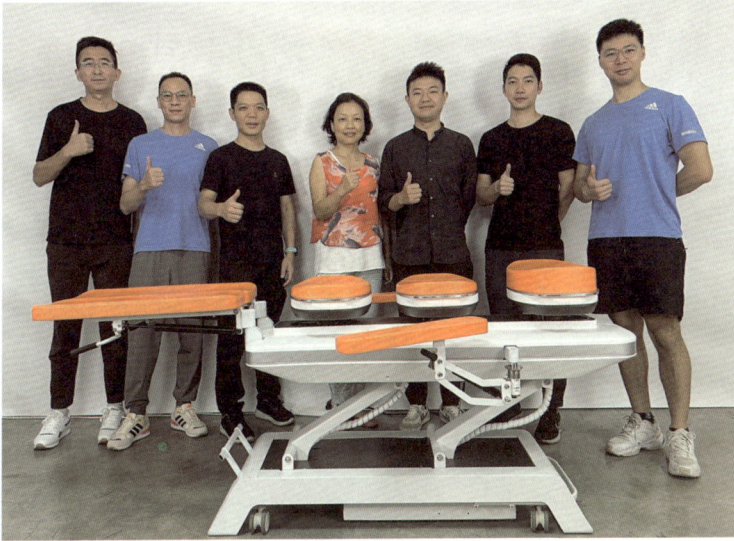

吴霖用第三代床做培训（2022 年 10 月 24 日，广州番禺一康公司）

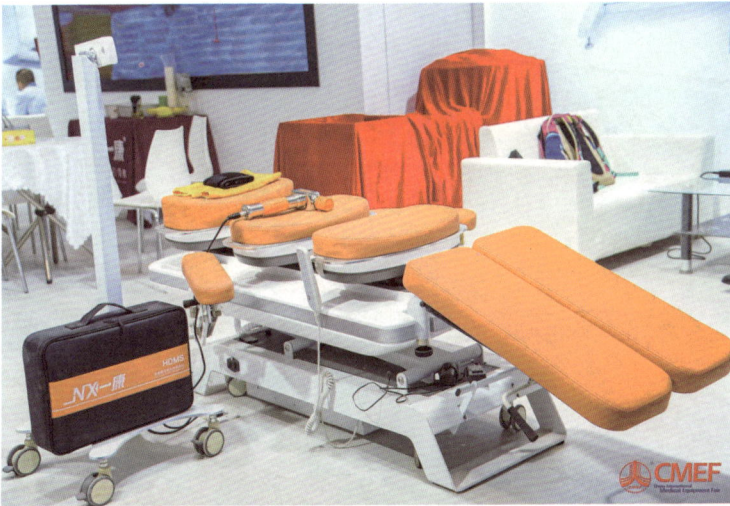

第三代力态床在第 86 届中国国际医疗器械博览会（CMEF）展出
（2022 年 11 月 23 日，深圳国际会展中心）

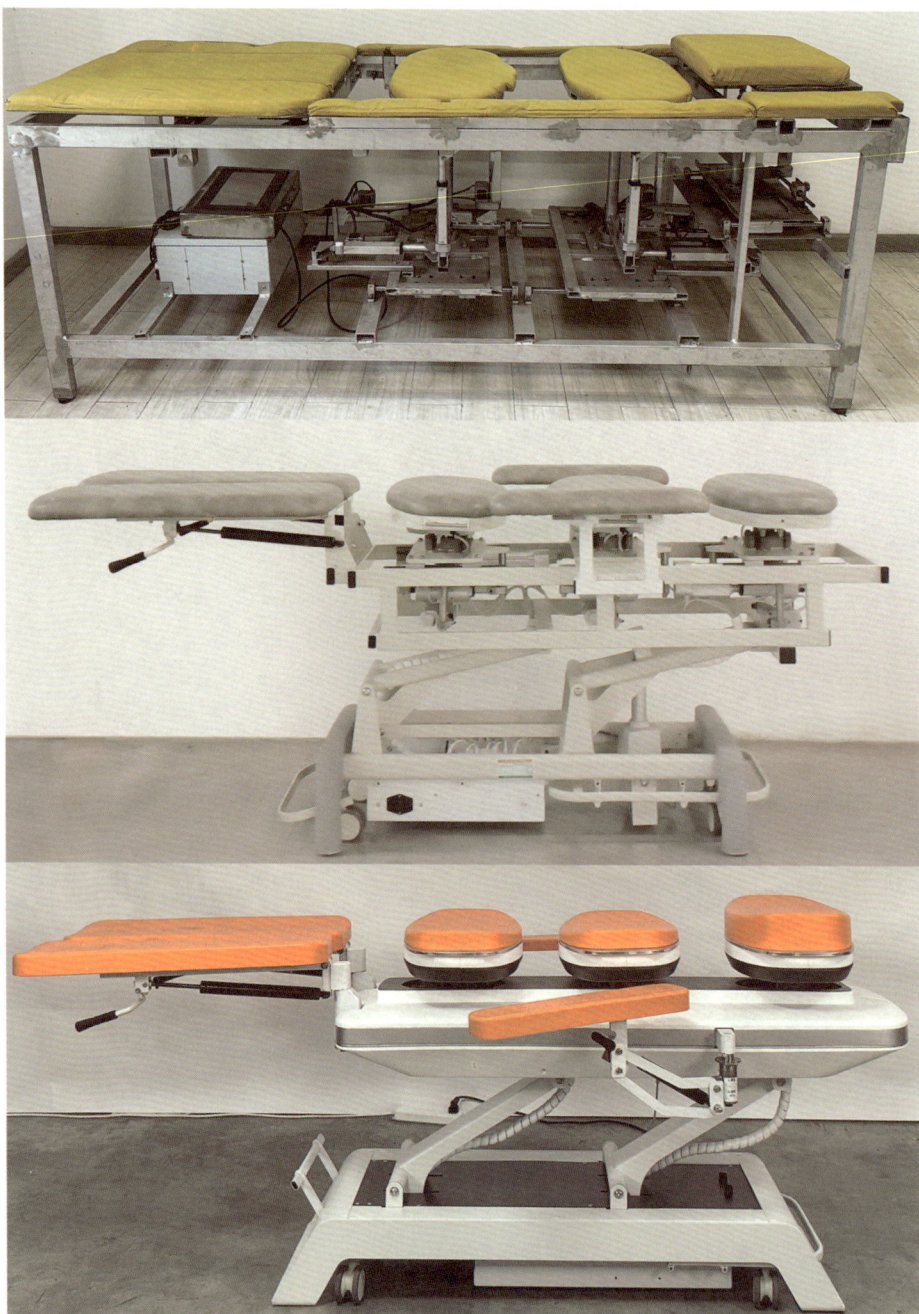

力态床一至三代的更新变化

后　记

人体力态学，运用动态和整体的思维方法，从人与环境的耦合关系中看待人的健康问题；着眼于亚健康及其相关问题的共性和本质，注重解决实际问题，去神秘化和复杂化。

对于体态失衡和运动障碍等问题，有人观其"果"，有人究其"因"。关注点不同，解决方法也就不同，效果也各异。我们认为，问题的实际解决比问题的理论区分重要。只要能够解决实际问题，就应该相互借鉴，哪怕有理论上的"是非对立"，也值得超越。

看似相互对立和排斥的理论，最终却能融合集成，这在科学发展史上不乏其例，关于"光"本质属性的探究就是典型例子。从17世纪中叶开始就有"光"的"波动性"和"粒子性"争论。"粒子性"学说由牛顿首先提出，"波动性"学说则由同时代的惠更斯提出。两种学说后来都得到很多实验支持和事实验证，但两种学说却相互排斥，彼此对立，导致争论持续不断。直到20世纪，光的"波粒二象性"才被人们接受。

科学研究，好比"盲人摸象"。很多学术论文或著作有严谨的逻辑自洽，也有实验支持和事实验证，虽然是"科学的"，但也可能还是"片面的"，人体力态学也不例外。

"对立即互补。"然而，只有勇于摒弃执念，"是非对立"才可互补统一；"片面的"才能融合集成，事物的"真象（相）"才能逐步显现，真理才有希望最终求得。

本书的撰写过程，也是人体力态康复床实现商品化的过程。在此过程中，学术界和企业界专家的大力支持和帮助，使本人深受鼓舞和充满期待。

我们的合作单位，广州一康医疗设备实业有限公司都吉良董事长、邢金秋总经理，在平台建设和社会合作等方面均给予大力支持。邢总亲自指挥相关团队成员，如黄日新、陈勇、魏志学等，集中优质资源，不断优化改进、精益求精，使力态康复床最终成为技术和艺术的融合产品而面市。河源市深河人民医院（暨南大学附属第五医院）全体领导班子成员，神经内科康复中心刘小艳教授及其团队成员罗奕霖康复师等，务实地推进力态康复医疗研究合作。

本人所在的团队，力态生命科学（广东）有限公司的全体成员，提供周全而细致的支持和帮助；陈伟平老师倾心打造"从零到一"的第一代力态康复床，经一年多的使用，完成了有效性验证；书稿中的演示图片主要由徐曼、郑炀峰、何振琦和李晓岚拍摄完成；统稿过程得到郑文杰教授的悉心指导。

除此以外，励建安、单春雷、李璟、王玉、陈建平等教授均给予无私的指导和帮助。我的妻子，徐曼女士，无论是在力态手法验证，还是在家庭生活照顾方面，都付出了大量心血和汗水。暨南大学出版社曾鑫华编辑和冯月盈编辑等为本书的出版付出了辛劳。

本人一一铭记在心，谨以此表示衷心的感谢！

吴　霖

2022 年 10 月